KB235398

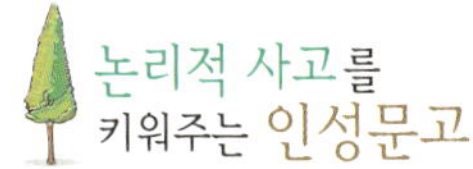

자동차의 어깨동무

글·엄기원 외

청소년인성문고편찬회

엄마는

아가야,
너만 건강하게 자라 준다면
엄마는
손가락 하나쯤
잘려 나가도 좋단다.

너의 웃음
너의 눈동자 속에
엄마의 모든 것이 숨어 있는걸.

아가야,
너만 훌륭하게 자라 준다면
엄마는
엄마는 말이야
아니
두 눈이라도
아깝지 않단다.

너를 위해
뜨겁게 단 심장
그것 말고는
엄마에게 필요한 것이라고는
아무것도 없단다.

아가야,
너를 위해서라면
너를 위해서라면 말이야
엄마는
뜨거운 심장이
싸늘하게 식어도 괜찮단다.

홍 기

어떤 사람이 되겠습니까?

두 사람이 있었습니다.

한 사람은 모든 일을 좋은 쪽으로만 생각했습니다. 어려운 일이 생겨도 희망을 가지고 슬기롭게 이겨 내었습니다. 약한 사람을 도와 주었으며, 늘 얼굴에 웃음을 띠고 만나는 사람마다 친절하게 대했습니다.

그는 행복했습니다. 사람들은 그를 두고 참 좋은 사람이라고 했습니다.

다른 한 사람은 모든 일을 나쁜 쪽으로만 생각했습니다. 어려운 일이 생기면 곧 포기해 버렸으며 좌절했습니다. 약한 사람은 깔보고 강한 사람에게는 아부하며, 늘 얼굴을 찡그리고, 만나는 사람마다 불쾌하게 대했습니다.

그는 불행했습니다. 사람들은 그를 두고 참 나쁜 사람이라고 말했습니다.

여러분은 두 사람 가운데 어느 쪽 사람이 되기를 원하십니까? 선택은 여러분의 손에 달렸습니다. 이 책은 여러분이 선택을 잘 할 수 있도록 도와 줄 것입니다.

나는 여기에 실린 이야기들을 재미있게 비유로 썼습니다. 많은 어린이들의 마음을 살찌워야겠다는 생각으로 글을 쓰니 참 즐거웠습니다.

이 책을 읽고 마음 넓은 사람이 되기 바랍니다.

지은이 씀

차 례

이 책을 읽는 여러분에게

- 글을 읽을 때 누가, 왜, 이런 행동을 했는가를 생각합니다.
- 이야기를 읽은 후 나도 주인공과 같은 행동을 하였는지 자신을 되돌아봅니다.
- 이야기를 읽고 앞으로의 계획도 세워 봅니다.
- 물음에 대한 답은 길게 쓰지 않아도 됩니다.
  꼭 필요한 대답만 쓰도록 합니다.

비 오는 날 임금님이

임금님은 걸음을 재촉했습니다.

백성들이 어떻게 사나 살피러 아무도 모르게 혼자 가는 길입니다. 물론 사람들이 알아차리지 못하도록 옷도 허름한 것으로 바꿔 입었습니다.

먹구름이 낀 하늘에선 금방이라도 소나기가 퍼부을 듯합니다.

'이거 큰일났군! 마을에 닿기도 전에 비가 내리

겠군.'

정말입니다. 몇 발자국 떼어 놓기도 전에 빗방울이 '두두둑' 듣기 시작합니다.

어디 피할 자리가 없나 싶어 주위를 두리번거렸으나 마땅한 곳이 눈에 띄지 않았습니다. 그러는 사이 옷이 흠뻑 젖어 버렸습니다.

임금님의 모습이 비에 젖은 새앙쥐처럼 초라해 보였습니다.

'흠, 할 수 없군.'

임금님은 빗속을 천천히 걸었습니다. 슬며시 걱정이 되었습니다.

날은 저물어 오지, 배는 고프지, 몸은 으슬으슬 추워지니 걱정이 아니 될 수 없겠죠.

'빨리 마을을 찾아야지.'

임금님은 오늘 하루는 아무 집이라도 들어가서 쉬었다가 내일 궁궐로 돌아가기로 마음먹었습니다.

산모롱이를 한 굽이 돌아가니 마을이 보였습니다. 반가운 마음에 저절로 발걸음이 빨라집니다.

따뜻한 아랫목이 생각납니다. 김이 모락모락 나는

따끈한 밥도 생각납니다.

굴뚝에서 몽실 피어 오르고 있는 하얀 연기를 보자 반가운 마음에 기분이 들떴습니다.

'아무 집이라도 들어가자.'

마을에 들어서서 가장 가까운 집의 사립문을 밀고 들어갔습니다.

💙 첫 번째 만난 사람은 임금님을 어떻게 대했나요?

“주인 계십니까?”

우렁찬 임금님의 목소리에 방문이 열리며 젊은 남자가 고개를 내밀었습니다.

“하룻저녁 신세를 좀 질 수 없을까요?”

임금님은 최대한 공손하게 말했습니다.

“신세를 지겠다고요? 가만히 있는 사람 귀찮게 하지 마시오!”

젊은 남자는 눈을 부라리며 임금님을 문 밖으로 몰아 냈습니다.

“어허, 그 참 인심 한번 고약하군.”

임금님은 다음 집으로 발길을 돌리지 않을 수 없었습니다.

다음 집에선 한 아주머니가 부엌에서 음식을 마련하고 있었습니다. 맛있는 냄새가 솔솔 풍겨 옵니다. 배에서 꼬르륵 소리가 납니다.

“여보세요. 배가 고파 죽을 지경이오. 저에게 밥 한 술 줄 수 있겠소?”

여자는 난데없이 나타나 밥을 달라는 사람을 물끄러미 바라보다가 매몰찬 목소리로 말했습니다.

“밥을 달라고요? 우리 식구 먹기에도 모자란다오.
다른 데 가 보시오!”
여자는 고개를 홱 돌렸습니다.
“허, 그 참……”
임금님은 다시 발길을 돌렸습니다. 그러나 어느
집에서도 선뜻 음식을 주거나 재워 주려고 하지 않
았습니다.
임금님은 온몸에 힘이 쫙 빠졌습니다. 너무나 배가
고파 돌덩이라도 집어 먹고 싶었습니다. 이제 딱 한
집이 남았는데, 그 집에서도 보나마나 문 앞에서 쫓
겨날 것이 분명합니다. 그만 발길을 돌릴까 하다가
그래도 혹시 모르니 한번 들러 보기로 했습니다.
그 집에는 늙은 부부가 살고 있었습니다.
“춥고 배가 고파 죽겠습니다. 저에게 자비를 베풀
어 주십시오.”
임금님은 마음을 졸이며 할아버지를 바라보았습니다.
“저런, 옷이 온통 다 젖었군. 어서 이리 들어오시오.”
할아버지는 임금님의 손을 끌고 방으로 들어갔습
니다.

“우선 이 옷으로 갈아입으세요.”

할머니가 낡았지만 깨끗이 손질된 옷을 꺼내 주었습니다. 임금님은 고마운 마음으로 옷을 갈아입었습니다.

“뭐 하고 있소, 얼른 밥상을 내어 오지 않구? 손님께서 시장하시다 하지 않소?”

할아버지가 할머니에게 가볍게 눈을 흘겼습니다.

“참, 내 정신 좀 봐. 얼른 상을 차려 올게요.”

할머니가 부엌으로 나가자 할아버지는 임금님을 아랫목 자리로 옮겨 앉게 했습니다.

할머니가 상을 내어 왔습니다. 반찬은 몇 가지 되지 않지만 정성을 다해 마련한 상입니다.

“반찬이 없어 어쩌지요? 그렇지만 맛있게 드세요.”

할아버지와 할머니는 반찬이 몇 가지 되지 않는 걸 진심으로 부끄러워하였습니다. 허겁지겁 식사를 끝낸 임금님은 두 노인을 보고 말했습니다.

“두 분은 저를 극진히 맞이하여 옷도 주시고 음식도 주시고 따뜻한 잠자리까지 주셨습니다. 이런 친절은 일찍이 받아 본 적이 없습니다. 참으로 고

맙습니다.”

임금님은 자리에 누워, 궁궐로 돌아가면 두 늙은이를 위해 큰 잔치를 베풀기로 마음을 먹었습니다.

물론 큰 상도 내릴 것입니다.

임금님은 보통 때보다 더 빨리 잠 속으로 빨려 들어갔습니다. 두 늙은 부부의 따뜻한 마음씨에 잠자리가 편했기 때문이지요.

♥ 할아버지와 할머니는 장차 어떻게 될까요?

정답고 고분고분한 마음씀씀이나 행동은 상대방에게 고마운 마음을 갖게 합니다.

할머니가 고맙게 생각하는 어린이는 누구일까요?

호랑이가 된 아이

오두막이 가까워 올수록 희태의 가슴이 더욱 뜁니다.
'정말로 마귀 할멈이 나의 소원을 들어 줄 수 있
을까?'
마귀 할멈은 수백 년 동안 산 속 깊은 오두막에 혼
자 살면서 온갖 신기한 약을 만들고 있습니다. 특히,
몸의 모습을 바꿀 수 있는 약은 할멈 외에는 아무도
만들 수 없지요.

윗마을에 사는 나무꾼 덕출이 아저씨는 나무가 하기 싫어 할멈이 준 약을 먹고 기러기가 되어 북쪽으로 날아가 버렸습니다. 아랫마을에 사는 석순이 아주머니는 빨래며 설거지가 하기 싫어 다람쥐가 되어 숲 속으로 들어가 버렸습니다.

희태는 물고기가 되고 싶습니다. 바닷속에 용궁이 있다는 이야기를 듣고 나서는 눈으로 직접 확인해 보고 싶어 견딜 수가 없었기 때문이지요.

마귀 할멈의 방 안엔 보얀 연기가 가득 차 있었습니다. 퀴퀴한 냄새도 났습니다. 무슨 실험을 하고 있는지 탁자 위의 수많은 그릇 속에는 각각 다른 색깔의 액체가 보글보글 끓고 있었습니다.

"물고기가 되고 싶어 찾아왔어요."

할멈은 합죽이 입으로 입맛을 쩝쩝 다시며 희태를 흘끔흘끔 보았습니다.

"돈을 내야지."

희태는 그 동안 힘들게 모아 두었던 돈을 탁자 위에 꺼내어 놓았습니다.

할멈은 두말 않고 보라색 병 뚜껑을 열어 파란색

알약 하나를 꺼내었습니다.

"도로 사람이 되고 싶으면 물가로 헤엄쳐 와서 뱅글뱅글 맴을 세 번 돌고 꼬리를 다섯 번 흔들어라."

희태는 약을 들고 산을 내려와 바다로 갔습니다. 물 속으로 걸어 들어가 망설이지 않고 약을 입에 털어 넣고 삼켰습니다.

희태는 은빛 지느러미를 가진 멋있는 물고기가 되어 몸을 흔들며 천천히 헤엄을 치기 시작했습니다. 물 속은 정말로 온갖 신기한 것들로 가득 차 있었습니다.

희태는 용궁을 찾아 기나긴 여행을 했습니다. 만나는 물고기마다 용궁이 어디냐고 물어 보았습니다.

"그런 곳은 없어."

"물 속 세상은 어디든 용궁이지."

용궁에 대해 속시원히 말을 해 주는 물고기는 아무도 없었습니다.

날이 갈수록 희태는 물 속 생활에 싫증을 느꼈습니다. 물고기가 된 것이 후회스럽기조차 했습니다.

희태는 왜 물고기가 되고 싶었나요?

어느 날, 바위 뒤에서 쉬고 있는데 갑자기 수많은 물고기들이 분주하게 헤엄쳐 달아나는 것이었습니다.

"뭘 하세요? 빨리 피하세요, 상어가 와요!"

옆으로 지나가던 물고기가 일러 주었습니다.

뒤를 돌아본 희태는 깜짝 놀랐습니다. 상어 두 마리가 허연 이빨을 보이며 쫓아오고 있었습니다.

'차라리 새가 되는 게 낫겠어.'

희태는 사람으로 변하여 다시 마귀 할멈을 찾아갔습니다.

"독수리가 되게 해 주세요."

"돈은?"

할멈은 누가 무엇이 되고 싶건 돈만 챙기면 된다는 식이었습니다.

"없어요. 대신, 일을 해 드리겠어요."

"좋아."

희태는 보름 동안 청소며 잔심부름을 해 주고 검정 병 속에 든 알약 하나를 얻어 먹고 독수리가 되었습니다.

독수리가 된 희태는 푸른 하늘을 훨훨 날아갔습니다. 높은 곳에서 보니 땅 위의 것들이 개미만하게 보입니다. 기분이 상쾌해집니다.

그것도 잠깐, 날이 갈수록 독수리 생활에 싫증이 났습니다. 하늘을 나는 것만으로는 살 수 없으니까요. 무엇이든 먹어야 하는데 먹이 얻기가 결코 쉬운 일이 아닙니다. 그래서 사자나 호랑이가 먹다 남긴 찌꺼기나 썩은 동물의 시체를 뜯어 먹어야 했습니다. 호랑이처럼 초원을 날쌔게 달리며 사냥을 하고 싶었습니다.

'호랑이가 되고 싶어.'

희태는 망설이지 않고 마귀 할멈을 찾아갔습니다.

"그건 안 돼. 호랑이가 되었다가 다시 사람으로 돌아오는 방법을 찾지 못했거든."

희태의 이야기를 듣고 할멈은 고개를 살래살래 흔들었습니다.

"제발 한 번만 더 기회를 주세요. 저는 꼭 호랑이가 되어야 해요."

할멈은 희태의 말을 들은 척도 하지 않았습니다. 그러나 희태는 한 달 동안 일을 해 주고, 조르고 졸라 마침내 빨간 병에 든 녹색 알약 하나를 얻어 내고야 말았습니다.

"아직 늦지 않았어. 마음을 돌리도록 해."

마귀 할멈은 걱정스러운 얼굴로 희태를 들여다봅니다.

"절대 후회하지 않을 거예요. 평생 호랑이로 살겠어요."

희태는 알약을 먹고 호랑이가 되었습니다.

넓은 풀밭을 달리니 작은 동물들이 겁을 먹고 달아납니다. 기분이 너무너무 좋습니다. 호랑이가 되길 잘했다는 생각이 듭니다. 그런데 나무 뒤로부터 갑자기 사냥꾼이 나타나 총을 겨누었습니다. 그것까지는 상상도 못 했습니다. 이제 죽을 때까지 사냥꾼에게 쫓기며 가슴을 졸이고 살지 않을 수 없게 되었습니다. 그건 정말 끔찍한 일입니다.

그 때, 하늘에서 소리가 들려 왔습니다.

"사람으로 태어난 것에 감사하라."

다른 목소리가 말을 이었습니다.

"두 다리로 걸어다닐 수 있음에 감사하라. 입으로 말할 수 있음에 감사하라. 눈으로 볼 수 있음에 감사하라."

♥ 하늘에서 들려 온 목소리는 무엇에 감사하라 했나요?

'감사'란, 어떤 일에 대하여 마음 속에서 일어나는 고마움을 말합니다.

감사할 것은 따로 있습니다.

명언 한 마디!

사람을 이롭게 하는 말은 따뜻하기 솜과 같고, 사람을 해치는 말은 날카롭기 가시 같아서, 한 마디 말이 무겁기가 천금 같고, 한 마디 말이 사람을 해침이 아프기 칼로 베는 것 같다.

- 명심보감 -

사람을 이롭게 하는 말과 헐뜯는 말을 솜과 가시에 비교하였습니다. 우리는 늘 한 마디의 말도 신중히 하여야 합니다. 그리고 남을 칭찬하고 감사하는 말을 하는 데 힘써야 하겠습니다. 말은 자신의 인격과 교양을 나타내는 자와 같은 것이기 때문입니다.

호랑이의 식사

　호랑이가 길을 가고 있었습니다. 너무나 배가 고파 힘이 하나도 없었습니다. 그러고 보니 벌써 사흘 동안 굶고 있습니다. 요즈음엔 동물들의 수가 줄어들어 먹을거리를 찾기도 여간 힘든 일이 아닙니다.

　어디 먹을 게 없나 살폈지만 눈을 닦고 보아도 없습니다.

　"요즈음 같으면 힘들어 못살겠군."

자신도 모르게 투덜거렸습니다. 그 때 덤불 속에서 바스락거리는 소리가 들렸습니다. 호랑이는 얼른 나무 뒤로 몸을 숨겼습니다.

조금 뒤 주위를 두리번거리고 나타난 것은 통통하게 살찐 여우였습니다.

호랑이는 입맛을 쩝쩝 다시며 살며시 다가가 여우의 멱살을 잡았습니다.

"요 녀석, 때맞춰 와 주었구나."

여우는 발발 떨며 살려 달라 애원했습니다. 그렇지만 그건 어림없는 일입니다.

그런데 다시 덤불 속에서 바스락거리는 소리가 났습니다. 이번에는 고라니였습니다. 고라니도 날름 잡아왔습니다.

한꺼번에 먹잇감이 두 마리씩이나 걸려드니 기분이 아주 좋았습니다.

"하느님이 내 불평 소리를 들으셨군."

호랑이는 씩 웃으며 여우와 고라니를 앞에다 앉혀 놓았습니다. 그런데 또 고민입니다. 어느 것을 잡아먹어야 할지 도무지 선택을 할 수 없습니다.

호랑이는 우선 두 녀석에게 이야기를 시켜 보고, 더 재미있는 이야기를 한 녀석을 살려 주기로 마음먹었습니다.

"에헴, 너희들 내 말을 잘 듣거라. 지금부터 딱 5분씩 아무 이야기나 하여라. 할 이야기가 없으면 노래를 불러도 좋다. 물론 내 맘에 드는 녀석은 살려 준다. 달아날 생각은 아예 하지 않는 게 좋을 게다."

호랑이는 배가 몹시 고팠지만 두 녀석에게 그 정도 기회는 주어야 한다고 생각했습니다. 그들에겐 목숨이 걸린 일이니까요.

"제가 먼저 해 보겠습니다."

여우가 말에는 자신이 있다는 듯 앞에 나섰습니다.

"그래, 어디 들어 보자."

호랑이는 편안하게 자리를 잡고 앉으며 여우를 지긋이 바라보았습니다.

여우는 우선 호랑이의 마음에 들기 위해 재주를 팔딱팔딱 넘었습니다. 동작이 어찌나 재빠른지 보고 있으니 눈알이 핑핑 돌 지경이었습니다. 공중에서 빙그

르르 돌다가 사뿐 내려앉고, 위로 펄쩍 뛰어올라 이
상한 표정를 짓는 등 온갖 기술을 다 보였습니다.
　그 재주가 정말 놀라웠습니다.
　얼마나 신기했으면 호랑이조차 넋을 잃고 침을 흘
리며 보았을까요?

"음, 정말 놀라운 재주를 가졌구나."

호랑이의 칭찬에 여우는 더욱 기분이 좋아졌습니다.

"그것뿐이 아닙니다, 대왕님."

여우는 어느 새 호랑이를 대왕님으로 추켜세우고 있습니다.

"그럼 무엇이 또 있느냐?"

"예, 저희 조상으로 말씀드릴 것 같으면 머리가 영특하여 숲 속 세계를 주름잡았습지요. 아무리 힘센 곰이나 호랑이, 아니 늑대 들도 꼼짝 못했죠. 더욱이 변신하는 재주는 우리 여우를 따라올 동물은 이 지구상에는 없죠. 그건 대왕님께서도 다 아시는 일이지요. 그런 소문이 쫙 퍼지니까 동물들 입에서 '백 년 묵은 여우'란 말도 나왔습지요. 여우가 백 년을 묵으면 어여쁜 색시로 변했다가 날쌘 짐승으로도 변하는 등 무엇이든 마음대로 할 수 있지요. 우리 여우는 정말 똑똑하고 꾀 많은 동물이지요. 만약 대왕님께서 저를 잡아먹으시면 그것보다 더 원통하고 분한 일이 어디 있겠습니까? 저를 드시느니 차라리 저 고라니를 잡아먹는 게 훨씬 나을 것입니다."
여우는 말을 마치고 자신 있다는 표정을 지으며 자리에 다소곳이 앉았습니다.
"이제 네 차례다."
호랑이가 고라니를 바라보았습니다.
"호랑이님, 저는 보여 드릴 아무런 재주도 없습니다. 또한 너무 무식하여 할 얘기도 없습니다. 다만 저희는 조상 대대로 욕심 부리지 않고 그저 튼튼한 이 두 다리로 산과 들을 뛰어다니며 풀이나 칡잎을 뜯어먹고, 밝은 이 두 눈으로 무서운 짐승이 오지 않나 살피기만 했을 뿐이죠. 배운 것도 없고 아는 것도 없으며 잘난 것도 없고 가진 것도 없으니 살아 있으나마나한 존재지만, 제가 죽으면 저희 식구들이 몹시 슬퍼할 것입니다."
고라니는 말을 마치고 눈물을 뚝뚝 떨구었습니다.
여우는 자기가 이긴 것이나 다름없다며 의기 양양했습니다.
그러나 호랑이의 입에서는 전혀 뜻밖의 말이 나왔습니다.

"나는 여우 네 녀석을 잡아먹도록 하겠다. 너처럼
똑똑한 녀석을 살려 두었다가는 나를 비롯한 우리
숲 속 동물들이 얼마나 불안하겠느냐? 그러나 무
식한 이 고라니 녀석은 살려 두어도 아무 일이 없
겠지."

💙 호랑이는 왜 여우를 잡아먹겠다고 했나요?

'겸손' 이란 남을 높이고 자기 자신을 낮추는 마음이나 태도를 말합니다.

자동차의 어깨동무

"아빠, 집 뒤 꿀밤나무는 그대로 있을까?"
희태는 운전을 하고 있는 아버지에게 물었습니다.
"그럼, 그대로 있고말고."
아버지는 즐거운지 손으로 운전대를 툭툭 두드리며
장난을 맞췄습니다. 속으로 노래를 부르고 있는 모양
입니다.
희태는 지금 외갓집에 가는 길입니다.

내일이 외할머니 생신인데 어머니는 어제 미리 가셨습니다.

희태는 외갓집에만 가면 집 뒤의 꿀밤나무 위에 올라가서 놀곤 하였습니다. 함께 놀 아이가 없기도 하였지만 나무에 올라가면 왠지 기분이 좋았습니다. 나무도 나지막하게 가지를 뻗고 있어서, 올라가서 놀기도 좋았습니다.

"처마 밑의 벌집도 그대로 있을까?"

긴 막대기로 벌집을 건드려 벌들을 흩어 놓고 달아나곤 했었지요. 벌들이 따라오면 제자리에 앉아 '꼬꼬댁 꼬꼬' 하며 닭 흉내도 내었구요. 벌은 닭을 가장 무서워하거든요. 한 입에 콕 쪼아 먹으면 모든 게 끝장이 나니까요.

"벌집은 없을걸."

아버지도 마음 속으로 외갓집의 모습을 그리고 있는 게 분명합니다.

"햇볕이 꽤 따갑군."

아버지는 차의 유리문을 내렸습니다.

시원한 공기가 쏟아져 들어옵니다. 기분이 상쾌하게

느껴집니다.

시원한 들길을 얼마만큼 달리자 포장되지 않은 좁은 산길이 나왔습니다.

산길로 접어들자 차가 사뭇 덜커덩거리기 시작합니다. 아버지는 차의 속력을 줄였습니다.

"이거, 길이 영 엉망인데."

아버지는 혼잣말처럼 중얼거렸습니다.

"아빠, 피곤하시죠?"

희태는 몇 시간 동안 운전을 하고 있는 아버지에게 미안한 마음이 들었습니다.

"아직은 견딜 만하다."

아버지는 콧노래를 흥얼거리기 시작합니다.

모롱이를 돌아가니 저만치 앞에 다른 자동차가 달려가고 있습니다.

꽁무니에서 날리는 먼지 때문에 자동차의 뒷유리만 보입니다. 자동차가 앞으로 나아감에 따라 먼지도 뭉게구름처럼 일어 자동차를 따라갑니다. 그건 마치 소독차가 연막 소독을 하는 것 같습니다.

"이크, 잘못 걸렸군!"

아버지는 얼른 자동차의 유리를 올렸습니다. 차 안으로 먼지는 들어오지 않았지만 먼지 때문에 앞이 잘 보이지 않습니다.

아버지는 말은 하지 않지만 짜증이 나는 모양입니다. 표정이 조금 굳어 있습니다.

고르지 못한 길에서 운전을 하기란 그리 쉬운 일이 아닙니다. 더구나 창문도 열지 못한 채 먼지 속을 헤쳐

나가기란……．
　아버지는 말없이 운전을 합니다. 길 옆의 나무가
천천히 뒤로 물러납니다.
　조금 넓은 길이 나오자 앞에 가던 차가 한쪽에 비
켜 섰습니다. 뒤따라가던 아버지가 무슨 일인가 싶어

차를 세웠습니다.

먼지가 가라앉자 아버지는 창문을 내려 고개를 빼고 앞차에 탄 사람에게 물었습니다.

"무슨 일이십니까?"

차가 고장난 것 같지는 않은데 이상한 일입니다.

앞차의 운전사가 고개를 내밀고 대답했습니다.

"아무 일도 아닙니다. 어서 앞장 서 가십시오."

그 사람은 얼굴 가득 웃음을 지었습니다.

"무슨 일이 있는 겁니까?"

아버지는 궁금증을 풀고야 말겠다는 듯 다시 물었습니다.

“아니, 그냥……. 제가 내는 먼지를 계속 참아 주셨으니, 이번엔 제가 참아 드리도록 하겠습니다.”

그제서야 아버지는 앞차 운전사의 뜻을 알아차렸습니다.

“아닙니다. 제가 그냥 뒤따르도록 하겠습니다.”

아버지가 극구 사양해도 그 사람은 그래서는 아니 된다며 기어코 아버지를 앞에 세웠습니다. 아버지는 그 사람을 향해 가볍게 목례를 했습니다.

아버지는 조금이라도 먼지를 덜 나게 하기 위해 차를 천천히 몹니다.

두 대의 자동차가 좁은 산길을 사이좋게 달립니다. 희태는 지금 자동차가 어깨동무를 하고 달린다고 생각합니다.

아버지의 표정을 보니 더없이 밝습니다. 앞차 운전사의 마음씀씀이가 고맙기 그지없습니다.

세상에 그런 사람만 있다면 이 세상이 얼마나 더 아름다워질까요?

♥ 앞차 운전수는 어떤 사람이라고 생각합니까?

'양보'란, 내가 손해를 보고 다른 사람이 이익을 보도록, 어떤 것을 사양하여 남에게 미루어 주는 것을 말합니다.

명언 한 마디!

자기를 굽히는 사람은 중요한 자리에 처할 수 있으며
이기기를 좋아하는 사람은 반드시 적을 만나게 된다.

- 경행록 -

겸손한 마음으로 미덕을 발휘하면 많은 사람들로부터 신망
과 존경을 받게 된다는 뜻입니다. 그러므로 우리는 항상 마
음으로 덕을 쌓으며 겸손한 태도를 가지도록 노력해야 합
니다.

노루의 약속

칠성이 아저씨는 산에서 나무를 하고 있었습니다. 산들바람이 산들산들 불어 와 이마의 땀을 씻어 주었습니다.

'이 나무 팔아서 우리 어머니 모시 적삼(옷) 해 드리고……'

아저씨의 입에서 노래가 흘러 나옵니다.

'이 나무 팔아서 우리 아버지 고기 반찬 해 드리

고……'

기뻐할 아버지 어머니의 모습을 떠올리니 팔뚝에서 힘이 솟습니다.

아저씨의 몸놀림이 더욱 빨라집니다. 나무를 한 짐 거의 다 해 갈 때였습니다.

망개 덤불을 헤치고 한 마리의 잘 생긴 노루가 숨을 헐떡이며 나왔습니다. 다리를 몹시 절룩거리는 것으로 보아 많이 다친 것이 분명합니다.

"아저씨, 저 좀 살려 주세요!"

노루는 그 말을 하더니 옆으로 픽 쓰러졌습니다. 꿈쩍하지 않는 걸로 보아 정신을 잃은 게 분명합니다.

"이거 큰일났군!"

아저씨는 쓰러진 노루 옆으로 가서 자세히 살펴보았습니다. 다리에 커다란 상처가 있었습니다. 사냥꾼의 총에 맞은 모양입니다.

아저씨는 풀을 베어 사람의 눈에 띄지 않도록 노루를 덮고 난 다음, 집으로 헐레벌떡 달려갔습니다. 그리고는 상처를 치료할 물건들과 약을 챙겨 가지고 다시 산으로 갔습니다.

노루는 거친 숨을 몰아 쉬며 그대로 있었습니다.

"잠깐만 참아라, 노루야. 이제 곧 괜찮아질 거야."

아저씨는 정성을 다해 상처를 치료해 주었습니다.

이제 그만 집으로 돌아가야 할 때입니다. 어떻게 해야 할지 고민이 되었습니다.

노루를 데려가자니 사람들 눈이 무섭고, 그냥 두고

💙 칠성이 아저씨는 노루를 어떻게 했나요?

가자니 걱정이 됩니다.

"고마워요. 제 걱정은 마시고 어서 돌아가도록 하세요."

정신을 되찾은 노루는 눈물을 글썽거렸습니다.

"안 돼. 널 그냥 두고 갈 순 없어."

아저씨의 머릿속으로 산 속의 빈 집이 떠올랐습니다. 마을과 떨어져 있어서 사람의 발길이 닿지 않는 곳입니다.

아저씨는 노루를 데리고 빈 집으로 갔습니다.

"우선 상처가 아물 때까지 이 곳에서 지내도록 하여라."

아저씨는 풀을 베어 먹을 것을 마련해 주고 난 다음, 날마다 들르겠다고 약속하고 집으로 돌아갔습니다.

약속대로 아저씨는 날마다 빈 집을 찾아 상처를 치료해 주고 먹이도 주었습니다. 그러는 사이, 아저씨와 노루는 정이 듬뿍 들었습니다. 노루는 아저씨가 올 시각이 되어도 오지 않으면 아래까지 마중을 나오기도 하였습니다.

상처가 완전히 아문 어느 날, 노루가 말했습니다.

"아저씨, 이제 저는 집으로 돌아가야 해요."

아저씨는 슬픈 소식이라도 들은 듯 물끄러미 노루를 바라보았습니다. 아무리 보내기 싫다 해도 집으로 돌아가야 한다는 데야 말릴 수 없는 노릇입니다.

"아저씨가 저를 위해 착한 일을 하셨으니, 이제 제가 아저씨를 위해 좋은 일을 할 차례예요."

노루가 눈을 꿈뻑이며 말했습니다.

"칭찬받자고 한 일이 아닌걸."

"알고 있어요. 그렇지만 제 말을 명심해서 들으세요. 이제 곧 장마가 시작될 거예요. 만약 마을 뒷산이 쩌렁쩌렁 세 번 울면 망설이지 말고 마을을 벗어나세요."

노루는 그 말을 마치고 숲 속으로 사라졌습니다.

장마가 시작되었습니다. 비는 그치지 않고 내렸습니다.

'산이 운다는 말이 무슨 뜻일까?'

칠성이 아저씨는 노루가 한 말을 곰곰이 생각해 보았습니다.

무슨 뜻인지는 모르지만 망설이지 말고 마을을

벗어나라는 말로 봐서, 무엇인가 매우 위험하거나 급한 일이 생길 테니 피하라는 뜻인 것 같습니다. 그렇다면 혼자만 피할 수는 없는 노릇입니다.

아저씨는 집집마다 다니면서, 산이 쩌렁쩌렁 세 번 울면 빨리 마을을 벗어나야 한다고 말해 주었습니다.

처음에 사람들은 아저씨의 말에 귀를 기울이지 않았습니다. 쓸데없는 말 하지 말라며 짜증을 내는 사람도 있었습니다.

"멀쩡한 산이 울긴 왜 울어?"

김씨는 '허허' 웃었습니다.

"만약 산이 운다면 제 말을 믿고 꼭 피하셔야 합니다."

사람들은 속는 셈 치고 그러마고 약속했습니다.

그로부터 사흘 뒤 정말로 산이 쩌렁쩌렁 울었습니다.

사람들은 모두 칠성이 아저씨의 말을 믿고 서둘러 마을을 벗어났습니다.

잠시 후 하늘과 땅을 뒤흔드는 큰 소리가 들렸습니다. 돌아보니 산이 무너져 내리고 있었습니다.

마을은 흔적도 없이 사라졌습니다.

사람들은 모두들 칠성이 아저씨를 에워쌌습니다.
"고맙네. 우리가 이렇게 살아 있는 건 자네 덕분이
네. 자네가 착하게 사니까 하늘이 도와 주었네."
사람들의 눈에 눈물이 그렁그렁 고였습니다.

♥ 마을 사람들은 누구의 덕분으로 목숨을 건질 수
있었나요?

'보은' 이란, 다른 사람에게 받은 은혜를 고마운 마음으로 되돌려 갚는 것을 말합니다,

신세를 갚는 방법은 달리 또 있을 것입니다.

어느 거지 할아버지

할아버지는 동냥 그릇을 들고 이 집 저 집 기웃거렸습니다.

"오리 궁둥이 뒤뚱, 오리 궁둥이 삐딱."

아이들이 뒤를 따라다니며 놀려 댑니다.

그런 것은 아무래도 좋습니다. 그릇만 밥으로 가득 채울 수 있다면 다른 것이야 아무래도 좋습니다.

할아버지는 상관하지 않고 절뚝거리며 다른 집으로

갑니다. 발자국을 떼어 놓을 때마다 몸이 심하게 흔들립니다.

"뚝 뚝 뚝발이, 헐레벌떡 뚝발이."

할아버지가 아무런 반응을 보이지 않자 아이들은 이번엔 뒤뚱거리는 걸음을 흉내냅니다. 그것도 할아버지에겐 아무 일도 아닙니다. 그런 흉내를 내 봤자 밥이 줄어드는 것도 아니니까요.

아이들은 이번엔 긴 막대기를 가져와 그릇을 툭툭 건드렸습니다. 할아버지는 그릇을 얼른 손으로 감싸 안습니다. 그리고 아이들 쪽으로 몸을 틀고 눈을 부라리며 소리를 쳤습니다.

"뎌리 가아!"

아이들은 일부러 크게 놀라는 척하며 도망을 갔습니다. 그리고 재미있다는 듯 깔깔거리며 허리를 잡고 웃습니다.

"밥 돔 두허요.(밥 좀 주세요.)"

어느 집 대문을 열고 들어갔습니다.

"어서 오세요."

할아버지와 얼굴이 익은 그 집 아주머니가 반가운

낮빛으로 할아버지를 맞이합니다.

"밥 돔 …… 히히."

할아버지는 늘 그렇듯이 밥을 달라 해 놓고 또 '히
히' 웃고 맙니다.

아주머니는 부엌으로 가서 큰 그릇에 밥과 반찬을

가득 담아 왔습니다.

"그런데 이 많은 밥을 어떻게 다 먹을 수 있대요?"

아주머니가 들고 온 밥을 동냥 그릇에 쏟아 부으며 말합니다.

그렇습니다. 동냥 그릇은 보통 그릇의 열서너 배는 됨 직한데 벌써 반 이상이 차 올랐습니다.

"히히."

할아버지는 대답 대신 한 번 웃고 돌아섭니다.

"몸조심하세요. 요새는 다리를 더 저시는 것 같군요."

아주머니가 할아버지의 뒤에 대고 소리칩니다. 할아버지는 알아들은 둥 만 둥 갈 길만 갑니다. 아주머니는 할아버지가 이제 그만 돌아가겠거니 했는데 그게 아닙니다.

할아버지는 다른 집 대문을 열고 들어갑니다. 아무래도 그릇 속의 밥이 부족해 보이는 모양입니다.

'거, 이상하다? 그 많은 밥을 다 어떻게 하려고 저리 모으지?'

아주머니는 고개를 갸우뚱거리며 안으로 들어갑니다.

아이들도 거지 할아버지를 놀리는 데 더 이상 재미를
느끼지 못합니다. 우르르 몰려 다른 데로 가 버립니다.
"밥 좀 두허요."
부엌 안을 빼끔히 들여다보며 할아버지가 말합니다.
"아이 깜짝이야!
그런데 할아범은 웬
밥 욕심이 그리 많수?"

그 집 안주인은 설거지를 하다가 할아버지를 발견하고는 투덜거립니다.

아무리 얻은 밥이 많다 할지라도 그냥 보내서는 아니 되지요. 밥 한 그릇을 갖고 나와 그릇 속에 붓습니다.

할아버지는 만족해서 돌아서서 나옵니다. 이제는 됐다는 듯 집을 향해 걷습니다.

뭐, 집이랄 것도 없지만 하여튼 그 곳에 사니 집은 집입니다.

할아버지의 집은 강을 가로지르는 다리 밑에 있습니다. 널빤지나 스티로폼, 두꺼운 종이로 대강 바람막이를 한 집입니다.

할아버지는 몸이 몹시 불편하기 때문에 여간 조심하지 않으면 밥을 쏟기 일쑤입니다. 할아버지는 무슨 보물 단지라도 되는 듯 밥그릇을 가슴에 꼭 껴안고 집으로 돌아옵니다.

그 집에는 할아버지 혼자 사는 게 아닙니다. 또래 할아버지들 예닐곱 명이 모여 함께 삽니다. 그들은 할아버지보다 몸이 더 불편하여 거의 움직이지도 못 합니다.

할아버지는 얻어 온 밥을 조금씩 덜어 그 사람들에게 먹였습니다. 한 사람 한 사람 꼼꼼하게 챙겨 먹였습니다.

밥을 다 먹였을 때는 정작 자신이 먹을 밥은 거의 남지 않았습니다. 그래도 그는 마음이 흡족했습니다.

그는 어느 신부님의 마음을 움직여 꽃동네라는 아름다운 마을을 만들게 했습니다.

한 사람의 작은 선행이 다른 사람의 마음을 움직여 위대한 일을 하게 한 것입니다.

그 마을 입구엔 다음과 같은 글귀가 돌에 적혀 있다고 합니다.

— 얻어 먹을 수 있는 힘만 있어도 그것은 주님의 은총입니다. —

💙 한 사람의 작은 선행이 상대방의 마음을 움직여
큰일을 하게 했다는 말은 무슨 뜻입니까?

'선행'이란 아무 대가를 바라지 않고 스스로 행하는 착하거나 어진 행동을 말합니다.

사람이 웃음거리가 안 되려면 슬기로워야 합니다.

명언 한 마디!

착한 일을 하는 사람은 봄동산의 풀과 같아서 그 자라
나는 것이 보이지 않으나 날로 더하는 바가 있고, 악한
일을 행하는 사람은 칼을 가는 숫돌과 같아서 갈리어
닳아 없어지는 것이 보이지 않으나, 날로 닳아 없어지
는 것과 같다.

- 동악성제 -

봄에 풀잎이 자라나는 것은 그 순간순간은 볼 수 없으나
모르는 동안 꽃을 피우고 열매를 맺습니다. 칼을 가는 숫돌
은 칼이 갈아지면서 모르는 사이에 닳아 없어지는 것과 같
이 악의 결과는 당장 보이지 않지만 서서히 닳아 없어져 복
된 일은 찾아오지 않는다는 말입니다. 그러므로 우리는 스
스로 복을 불러오는 착한 일을 하는 데 힘써야 하겠습니다.

움막집 할머니

  희태가 사는 양지 마을을 동쪽으로 조금 비껴 가면 작은 시내가 나옵니다. 시냇물 둑길 위에 작은 움막이 있습니다. 그 집에는 할머니 한 분이 삽니다.
  아이들은 그 할머니를 '귀신 할메'라 부릅니다.
  움막집은 분위기가 으스스합니다. 비닐로 덮은 지붕이며, 라면이나 과자를 담았던 상자로 얽어 맨 벽이 음침한 느낌이 들게 합니다. 그것뿐이 아닙니다.

할머니의 헝클어진 머리카락과 합죽이가 된 입도 보는 사람들을 무섭게 만듭니다.

할머니는 늘 한 가지 옷만 입고 다닙니다. 옷이 없어서 그렇다는 사람도 있고, 옷은 있는데 갈아입을 줄 몰라서 그렇다는 사람도 있습니다.

할머니는 새벽에 나가서 밤늦게 돌아올 때가 많은데, 무슨 일을 하는지는 아무도 모릅니다.

시장 어귀나 공원 뒤편, 학교 앞길 같은 데서 본 적이 있는 사람은 더러 있습니다. 그 때마다 손에 보따리를 들고 있었습니다. 그 속에 무엇이 들어 있는지는 잘 모릅니다. 그런 것 때문에 할머니를 귀신 할메로 부르는 것은 아닙니다.

그것은 바로 밤 늦은 시각에 공동 묘지에서 나오는 모습이 여러 번 사람들의 눈에 띄었기 때문입니다.

공동 묘지는 시내에서 볼 때 할머니의 집과는 반대쪽에 있어서 가야 할 이유가 전혀 없습니다.

희태와 친구 몇 명은 할머니의 비밀을 밝혀 내기로 하였습니다. 할머니의 뒤를 밟다 보면 뭔가 꼬투리가 잡힐 거라는 게 희태의 생각이었습니다.

💙 아이들은 왜 움막집 할머니를 '귀신 할메' 라고 불렀나요?

어느 일요일, 할머니가 공원 주위를 서성이고 있는 걸 봤다고 한 아이가 귀띔을 해 주었습니다.

희태네는 재빨리 공원으로 갔습니다. 한참을 헤맨 끝에 가까스로 육교 밑을 걷고 있는 할머니를 보았습니다.

"무슨 일을 꾸미고 있는 게 틀림없어."

상출이가 말했습니다.

"맞아. 아마 엄청난 일을 꾸미고 있을 거야."

행준이가 되받았습니다.

"따라가 보자. 절대로 눈치채게 하면 안 돼."

희태가 앞장 섰습니다.

할머니는 꽤 무거워 보이는 보따리를 들고 시내를 벗어났습니다. 그리고 곧 사잇길로 접어들었습니다. 그 길은 놀랍게도 공동 묘지 쪽으로 난 길입니다.

희태는 가슴이 콩콩콩 뛰었습니다. 만약 할머니가 미행당하고 있다는 사실을 안다면 가만히 있지 않을 것입니다. 눈을 희번덕거리며 쫓아와서 날카로운 손톱을 세워……. 그 뒤는 생각하기도 싫습니다.

"얘, 그만 가자!"

상출이가 팔을 끌었습니다.
"그, 그, 그래."
행준이도 분명 떨고 있습니다.
"안 돼. 여기까지 따라와서 그만둘 수는 없어."
재훈이의 태도가 완강했습니다.
아이들은 할 수 없이 일정한 거리를 두고 살금살금

뒤따랐습니다.

할머니는 드디어 공동 묘지로 들어섰습니다.

중턱쯤에 조그만 집이 있습니다. 그 집은 낮에도 귀신이 나온다고 사람들이 가까이 가기를 꺼리는 집입니다.

그런데 할머니는 아무런 거리낌없이 주위를 두리번거려 살피고는 집 안으로 들어서는 것입니다.

"무서워 안 되겠다. 돌아가자."

아이들은 덜덜덜 떨면서 집으로 돌아왔습니다.

아이들은 모이기만 하면 움막집 할머니 이야기를 꺼내었습니다. 별의별 이야기가 다 나왔습니다. 할머니는 틀림없이 백 년 묵은 여우가 사람으로 변한 것이라는 둥, 창고 안에는 해골이나 사람 뼈가 가득할 것이라는 둥……

그러던 어느 날, 희태는 놀라운 사실을 알았습니다.

텔레비전을 보고 있는데 화면에 낯익은 모습이 보이는 깃입니다. 틀림없는 움막집 할머니였습니다. 입고 있는 옷도 머리의 모습도 평상시의 허름한 모습 그대로입니다.

　화면은 공동 묘지로 이어지는 길을 달리는 트럭을
비추고 있었고, 곧이어 공동 묘지 중턱의 바로 그 집
을 비추었습니다. 보기만 해도 을씨년스럽고 음산한
모습입니다.

♥ 공동 묘지의 집은 무슨 집이었나요?

문이 열리고 집안이 비춰졌습니다.

아, 그 곳은 고물 창고였습니다. 고철과 빈 병 따위가 가득했습니다. 그 고물은 할머니가 여기저기 쏘다니면서 주워 모은 것들입니다. 트럭은 그 고물을 실어 내었습니다.

할머니는 거의 30년 동안 고물을 모아 팔았습니다. 그렇게 모은 돈은 이름을 밝히지 않고 병든 어린이들을 위해 기부했습니다.

30여 년 동안 한결같이 큰 돈을, 이름을 밝히지 않고 어린이들을 위해 기부하는 사람이 있다는 소문이 나자, 한 신문 기자가 추적하기 시작했습니다. 그런데 할머니가 그 주인공이었던 것입니다.

희태는 가슴 안에서 뭔가 뜨거운 것이 울컥 치미는 걸 느꼈습니다. 이상하게도 할머니의 허름한 그 옷이 자꾸 눈물이 나게 만듭니다.

"천사 할메!"

희태는 귀신 할메라는 이름을 버리고 천사 할메라는 이름을 붙이기로 했습니다.

'검소'란 사치하거나 꾸미지 않고, 있는 그대로 소박하게 생활하는 것을 말합니다.

동물 마을의 소문

동물 마을에 이상한 소문이 퍼졌습니다. 그것은 이제 곧 세상이 망한다는 것이었습니다.

"동짓달(음력 11월) 스무닷새(25일)에 세상이 망한대."

오소리가 작은 눈을 동그랗게 뜨고 말했습니다.

"동짓달 스무닷새라면 겨우 넉 달 남았군."

산토끼가 두 귀를 쫑긋 세우고 대꾸했습니다.

“해가 사라져 깜깜한 세상이 된다는군.”

“바닷물이 넘쳐 육지를 휩쓴다는군.”

“지구상에 살아 남을 생물은 하나도 없을 거라는 군.”

너구리, 꽃사슴, 살쾡이도 한 마디씩 거들었습니다.

어디서 시작되었는지도 모르는 소문은 걷잡을 수 없이 퍼져 나갔습니다. 동물들은 모이기만 하면 세상의 종말에 대해 이야기했습니다.

동짓달 스무닷새 ―그 날은 정말로 무서운 날입니다. 그렇지만 어김없이 오고야 말 것입니다.

동물들은 일을 하다가도 깜짝깜짝 놀랐습니다. 일을 해 봤자 아무 소용이 없을 거라는 생각에 몸을 떨었습니다.

씨앗을 심어 봤자 거두지도 못하고 그 날을 맞이할 것입니다. 곡식을 곳간 가득 쌓아 둔다 해도 소용이 없을 것입니다. 돈이 엄청나게 많다 한들 어떻게 쓰겠습니까?

동물들은 하나둘 손을 놓고 일을 하지 않게 되었습니다. 수확을 앞두고 있는 곡식들은 돌보지 않자 병이

들어 쭉정이가 되어 갔습니다. 심어야 할 채소도 심지 않았습니다.

모두들 집에 있는 돈을 갖고 나와 물 쓰듯 흥청망청 썼습니다. 돈을 써 보지도 못하고 종말을 맞이한다면 그것보다 억울한 일이 없다고 생각했기 때문이지요.

집집마다 부어라, 마셔라, 먹어라 하는 소리가 흘러나왔습니다. 길거리엔 술에 취해 휘청거리는 동물들이 넘쳤습니다.

이런 모습을 보고 걱정하는 동물이 딱 하나 있었는데 그는 바로 곰 서방입니다.

곰 서방은 소문이야 어떻든 묵묵히 자신의 할 일만 할 뿐이었습니다. 동물들은 그런 곰 서방에게 손가락질을 하였습니다.

"미련하기가 곰 같다더니, 저렇게 미련할 수가 있나?"

"도대체 뭘 어쩌겠다는 건지 모르겠네."

욕을 하거나 말거나 곰 서방은 들에 나가 열심히 일을 했습니다. 덕분에 가을이 되자 곰 서방네 곳간은 온갖 곡식들로 가득찼습니다.

　집에 있는 돈을 몽땅 써 버린 동물들은 아직 쓸 돈이 남아 있는 동물을 따라다니며 얻어먹었습니다.

　동짓달 스무닷새가 되었을 때에 곰 서방을 제외한 모든 동물들의 집에는 한 톨의 양식도, 한 푼의 돈도 남지 않게 되었습니다.

♥ 왜 곰 서방이 성실하다고 할 수 있나요?

"이제 곧 해가 사라질 거야."
"이제 곧 바닷물이 넘칠 거야."
"이제 곧 모든 생물이 다 죽을 거야."
동물들은 멀거니 뜬 눈으로 하늘을 바라보았습니다.
하늘에서는 어떤 징조도 보이지 않았습니다. 해는 여

전히 하늘에 걸려 있었고, 그 옆으로 아기구름 두어 장이 떠 가고 있었습니다.

그 시각 곰 서방은 사과나무 가지치기를 하였습니다. 더 많은 수확을 거두기 위해서는 가지를 쳐 주어야 하니까요.

드디어 해가 지고 밤이 되었습니다.

"이제야 해가 사라졌군."

오소리가 말했습니다.

"그런데 바닷물은 왜 넘치지 않는 거지?"

산토끼가 물었습니다.

"이제 곧……."

　동물들은 '이제 곧, 이제 곧' 하며 기다렸으나 밤이 새도록 특별한 일은 일어나지 않았습니다.

　다음 날, 산꼭대기로 해가 불쑥 고개를 내밀었습니다. 동물들은 그제야 세상의 종말은 헛소문이었을지도 모른다고 생각하게 되었습니다.

　하루, 이틀, 사흘…… 이레가 지나도 아무 일도 일어나지 않았습니다. 그러자 동물들은 그것이 헛소문이었다는 걸 비로소 알게 되었습니다.

　그러나 때가 너무 늦었습니다. 겨울은 길 것이고 아무것도 남은 것이 없으니 지낼 일이 막막하기만 합니다.

　이 세상에서 춥고 배고픈 것만큼 서러운 일이 어디 또 있을까요?

　곰 서방은 방 구들에 따뜻하게 불을 지펴 넣어 놓고 생각에 잠겼습니다.

　곰 서방은 '내일 지구의 종말이 오더라도 나는 지금 한 그루의 사과나무를 심겠다' 는 말을 떠올리며 빙긋이 미소를 지었습니다.

'성실'이란 거짓 없고 참되어 묵묵히 맡은 일을 하며, 꿋꿋하여 마음이 잘 변하지 않는 것을 말합니다.

'성실'하고 이름하고 무슨 상관이 있겠습니까?
나는 나의 일을 열심히 할 뿐입니다.

명언 한 마디!

쓸데없는 생각은 한낱 정신을 상하게 할 뿐이오, 망령
된 행동은 도리어 재앙만 불러 온다.　　　- 명심보감 -

자기 힘으로 이룰 수 없는 것은 생각지 말고 오로지 착실하게
하루하루 살아가는 것이 성실한 사람의 올바른 생활 자세임
을 말하고 있습니다. 잘못된 생각과 망령된 행동은 오히려 큰
화를 불러 올 수도 있기 때문입니다.

미루왕을 기다리며

먼 옛날, 지구의 어느 구석에 돈대라는 마을이 있었습니다. 그 곳엔 착하디착한 사람들이 살았습니다.

돈대 마을은 사방이 바다로 둘러싸인 참으로 평화스런 마을이었습니다.

하늘엔 점점이 갈매기가 날고, 땅에는 온갖 예쁜 식물들이 다 살았습니다. 파도는 뭍으로 기어올라 모래톱을 만들었고, 바람은 살랑 불어 사람들의 귓볼을

간질였습니다. 모든 것이 서로 어울려 살았습니다.

돈대에는 예로부터 내려오는 전설이 있었습니다. 돈대가 위험에 빠지면 동쪽에서 미루라고 하는 왕이 와서 구해 준다는 것이었습니다.

사람들은 그 전설을 대수롭지 않게 여겼습니다. 왜냐 하면 그렇게 평화스런 마을이 결코 위험에 빠질 리가 없기 때문입니다.

검은 구름이 하늘을 뒤덮고 있던 어느 날, 서쪽 바다가 부글부글 끓었습니다. 곧이어 파도 속에서 반은 사람이고 반은 짐승인 이상한 괴물이 나타났습니다. 그는 돈왕이라는 이름의 괴물이었습니다.

돈왕은 보는 것만으로도 무시무시했습니다. 붉은 눈에서는 시뻘건 불이 흘렀고, 긴 혓바닥은 쉴새없이 날름대었습니다. 털북숭이 손에는 길다란 손톱이 날을 세우고 있었고, 온몸은 두꺼운 비늘로 덮여 있었습니다.

돈왕은 쿵쿵거리며 육지로 올라와 사람들을 잡아먹었습니다. 사람뿐만 아니라 소나 말 따위의 짐승도 잡아먹었습니다.

♥ 돈대 마을에 전해 오는 전설은 무엇인가요?

평화스런 마을이 순식간에 공포의 마을로 변했습니다. 사람들은 벌벌 떨었습니다. 풀도 떨고 나무도 떨었습니다.

돈왕은 배가 부르면 모래 언덕에서 잠을 잤습니다. 그는 그 곳 사람들을 다 잡아먹을 때까지 결코 마을을

♥ 돈왕은 어디로부터 왔나요?

떠날 것 같지 않았습니다.

"우린 이제 죽은 목숨이나 마찬가지야."

만나는 사람마다 부둥켜안고 울었습니다. 어떻게 할 도리가 없었습니다.

돈왕에 대항해 싸운다는 것은 달걀로 바위치기나 다름없습니다. 감히 싸울 엄두도 내지 못했습니다.

사람들은 눈에 띄게 생기를 잃어 갔습니다. 얼굴은 하얗게 야위었고, 몸은 뼈만 앙상하였습니다.

돈왕은 이런 사람들의 사정에는 아랑곳하지 않고 배를 채우려 들었습니다.

바위 틈이나 땅을 파고 숨어 있으면 냄새를 맡아 용케 찾아 내었습니다. 사람들은 돈왕의 손길로부터 벗어난다는 것은 불가능하다는 걸 깨달았습니다.

시시각각으로 가까워 오는 죽음의 그림자를 피할 도리가 없게 되었습니다.

"괴물에게 잡혀 죽느니 차라리 죽음을 택하자."

어떤 사람은 스스로 목숨을 끊기도 하였습니다.

"미루왕이 오실 때가 되었습니다!"

어느 날 문득 생각난 듯, 누군가 소리쳤습니다.

풀이 죽어 있던 사람들의 눈이 반짝거리기 시작했습니다.

그렇습니다. 그들은 잊고 있었던 전설을 떠올렸습니다. 돈대가 위험에 빠지면 동쪽에서 미루라고 하는 왕이 와서 구해 준다는 바로 그 전설 말입니다.

"가만히 앉아서 당하지 맙시다! 미루왕이 오실 때까지 우리가 돈왕에게 대항해서 싸웁시다!"

어떤 사람이 주먹을 위로 치켜들며 소리쳤습니다.

"옳소! 옳소!"

여기저기서 손이 올라왔습니다.

사람들은 다시 힘을 찾았습니다. 돈왕이 눈치채지 못하게 세상에서 가장 큰 활을 만들었습니다. 그리고 은을 모아 세상에서 가장 큰 화살도 만들었습니다.

활과 화살이 완성되던 날, 사람들은 얼싸안고 춤을 추었습니다.

모래 언덕에서 잠을 실컷 잔 돈왕이 일어나 어슬렁어슬렁 마을로 내려온다는 연락이 왔습니다.

힘센 젊은이 열 명이 달려들어 재빨리 활에다가 화살을 재웠습니다.

‘쿵쿵’ 발 소리가 들립니다. 곧이어 눈을 디룩디룩 굴리며 잡아먹을 사람을 찾고 있는 돈왕의 모습이 나타났습니다.

“바로 지금이다!”

화살은 시위를 떠나 천둥 소리를 내며 날아갔습니다. 화살은 정확하게 돈왕의 가슴 한복판에 정통으로 꽂혔습니다.

돈왕은 피를 흘리며 쓰러졌습니다.

"와아! 우리가 이겼다!"

사람들은 돈왕의 주검 위에 올라서서 만세를 불렀습니다.

"여러분, 미루왕이 오셨습니다!"

마을에서 가장 나이가 많은 어른이 바위 위에 올라서서 소리쳤습니다.

사람들은 깜짝 놀라 숨을 죽이며 그 쪽으로 고개를 돌렸습니다.

"미루왕은 바로 희망이란 이름의 그 전설입니다. 그리고 바로 여러분 자신입니다!"

사람들은 모두 고개를 끄덕였습니다.

"우리가 지금 지옥 속에 있다 하더라도 희망만 있으면 즐겁게 지낼 수 있습니다. 희망을 잃지 맙시다!"

💙 돈대 마을 사람들이 돈왕을 처치할 수 있었던 힘은 어디서 나왔나요?

'희망'이란 살아가면서 힘들거나 어려울 때, 좋은 일이 오기를 바라거나 온다고 믿는 마음을 말합니다.

희망은 노력하는 사람에게만이 떠오르는 태양이랍니다.

거미가 준 교훈

"돌격 앞으로!"

브루스 왕은 칼을 하늘 높이 치켜들고 소리쳤습니다. 그렇지만 에드워드 왕의 군졸들은 너무 강했습니다. 그들은 결코 무너질 수 없는 성벽과 같았습니다.

브루스 왕과 군졸들은 적들과 뒤엉켜 최선을 다해 싸웠지만 힘이 부족했습니다.

"대왕님, 어서 이 자리를 피하셔야 합니다. 목숨이

위험합니다. 적군이 우리를 완전히 에워쌌습니다."

브루스가 잠깐 피해 숨을 돌리고 있는 사이, 장수
둘이 와서 무릎을 꿇었습니다.

"차라리 나를 이대로 죽게 하라."

브루스는 칼을 높이 들고 다시 싸울 채비를 하였습
니다.

"아니 됩니다. 우리의 조국 스코틀랜드를 위해서입
니다."

장수는 양쪽에서 브루스의 겨드랑이를 끼고 숲 속
으로 들어갔습니다. 몇몇 신하들이 뒤따랐습니다.

칼 부딪히는 소리와 군졸들의 함성과 다친 사람들
의 신음 소리가 브루스의 가슴을 파고듭니다.

"차라리 죽음으로 조국을 위하겠다."

브루스는 끌려가지 않으려고 몸부림을 쳤지만 장수
의 힘을 당해 낼 수 없었습니다. 브루스의 눈가에 눈
물이 맺혔습니다.

1300년경 영국의 스코틀랜드에 로버트 브루스란 왕
이 있었습니다.

그는 참으로 자비롭고 현명했으며, 그리고 용감했

습니다. 그러나 잉글랜드의 왕 에드워드가 침략해 왔을 때, 여섯 번 싸워서 여섯 번 다 지고 말았습니다.

그는 지금 여섯 번째 전쟁에서 지고 쫓겨가는 몸이 된 것입니다.

비가 부슬부슬 내리기 시작합니다. 장수에게 이끌려 가는 왕과 그 뒤를 따르는 몇몇 신하들의 모습이 초라하기 이를 데 없습니다.

♥ 브루스는 누구의 군대와 싸우고 있었습니까?

마침, 숲 속에 빈 오두막이 있었습니다.

"대왕 마마, 오늘은 이만 쉬시고 내일 일은 내일 생각하십시오."

신하는 왕을 위로하려고 애썼습니다.

브루스의 눈앞으로 참으로 용감했던 조상들의 모습이 떠오릅니다.

'아! 우리 왕가도 이것으로 끝장이란 말인가?'

생각하면 생각할수록 부끄럽기 그지없습니다.

그는 축축한 벽에 기대어 비 오는 바깥의 모습을 바라보았습니다.

눈물이 앞을 가립니다. 아무리 생각해도 조상 보기에 부끄러워 견딜 수 없습니다.

'욕되게 사느니 차라리 죽음을 택하겠다.'

그는 스스로 목숨을 끊기 위해 칼을 빼어 들었습니다.

"스코틀랜드 만세!"

칼로 배를 가르려 하는데 신하들이 달려와 막았습니다.

"대왕 마마, 고정하십시오."

“나를 죽게 해 달라!”

브루스는 신하들과 뒤엉켜 바닥에 뒹굴었습니다.

얼마나 시간이 지났을까…… 날이 조금씩 어두워 오기 시작했습니다. 비는 여전히 내리고 있습니다. 바람도 붑니다.

브루스는 힘없이 바깥을 내다보았습니다. 그 때, 처마 밑에서 한 마리의 거미가 거미줄을 치고 있었습니다.

거미는 한쪽 끝에서 다른 쪽 끝까지 줄을 잇기 위해 노력을 하고 있었는데, 바람이 너무 세어서 좀처럼 뜻을 이룰 수 없었습니다. 한 번, 두 번, 세 번의 노력이 모두 실패로 돌아갔습니다.

그러나 거미는 결코 포기하지 않았습니다. 계속해서 줄을 이으려고 안간힘을 썼습니다.

네 번, 다섯 번, 여섯 번째에도 실패했습니다.

“불행하게도 너도 나처럼 패배의 쓴 잔을 맛보지 않으면 아니 되는구나.”

브루스가 중얼거렸습니다.

그러나 놀랍게도 거미는 태연하게 일곱 번째 도전을

하는 것이었습니다. 그런데 결과는 성공이었습니다.

거미는 뜻을 둔 곳에 실을 정확하게 붙여 아주 훌륭한 집을 지었습니다.

브루스는 자신도 모르게 벌떡 자리를 박차고 일어

났습니다.

"좋아. 나도 일곱 번째 도전을 해 보자!"

날이 밝자 브루스는 산을 내려와 남아 있는 병사들을 모았습니다.

"병사들이여! 패배는 원래부터 없는 것이다. 다만 있는 것은 도전하지 않고 미리 포기하는 것이다. 자, 모두들 나를 따르라!"

브루스가 앞장 서자 병사들은 폭풍 같은 기세로 적군을 향해 나아갔습니다.

스코틀랜드 병사는 정말 용감하게 싸웠습니다. 죽기를 각오하고 싸우니 아무리 강한 잉글랜드 군대라 하여도 당황하지 않을 수 없었습니다.

잉글랜드 군대는 조금씩 무너지기 시작했습니다. 마침내 스코틀랜드가 크게 이겼습니다.

여섯 번까지 지고 일곱 번째에 성공을 했던 것입니다.

♥ 브루스는 어떻게 용기를 얻을 수 있었습니까?

'끈기'란 참을성이 있어서 무슨 일이든 꾸준히 이어 가는 것을 말합니다.

세상에 어처구니없는 일도 다 있습니다.

명언 한 마디!

구하라 주어질 것이요, 찾아라 찾아질 것이요, 두드려라 열릴 것이다.

- 성경 -

곤란한 일과 마주쳐서 용기를 내지 못하고 망설이는 사람의 힘을 북돋워 주기 위해 사용하는 말입니다. 우리는 일이 순조롭게 풀리지 않을 때 실망하거나 좌절합니다. 그러나 끈기를 가지고 끝까지 이겨 내는 사람에게는 마침내 성공의 기쁨이 주어질 것입니다.

다람쥐와 곤줄박이

"영차 영차!"

다람쥐들이 알밤을 옮기고 있습니다. 모두 힘을 모아 알밤을 옮깁니다. 누구 하나 꾀를 부리지 않습니다. 도토리도 옮깁니다. 그 밖에 양식이 될 만한 것은 다 옮깁니다.

다람쥐 굴 속의 곳간이 식량으로 가득 차 갑니다.

"우리가 부자가 되어 가고 있군!"

“열심히 일한 덕분이야.”

모두들 흐뭇해하며 이야기를 나눕니다.

“자, 또 가세!”

다람쥐들은 굴 밖으로 나가 알밤을 찾습니다.

알밤은 가랑잎 밑이나 풀섶, 나무 등걸 뒤에 숨어 있기 때문에 눈여겨보지 않으면 발견하기가 여간 힘들지 않습니다. 색깔도 가랑잎이나 나무 등걸과 비슷하여 잘 띄지도 않습니다.

다람쥐들은 흩어져서 가랑잎을 들치거나 나무 등걸 뒤를 기웃거리며 알밤을 찾습니다.

“호로롱 호르르르르.”

곤줄박이 몇 마리가 지나다가 나뭇가지에 앉았습니다. 그리고 부지런히 움직이고 있는 다람쥐를 발견했습니다.

“애들아, 뭘 하고 있는 거니?”

한 곤줄박이가 다람쥐들이 무얼 하고 있는지 궁금하여 물었습니다.

“알밤을 찾고 있어.”

다람쥐가 대답했습니다.

♥ 다람쥐가 모은 것은 무엇무엇이었나요?

"배가 고프니?"

"아니."

"배가 고프지도 않은데 왜 알밤을 찾는 거니?"

곤줄박이는 비웃기라도 하듯 부리를 실룩거렸습니다.

"나중에 먹으려고 모아 두는 거야."

"아, 저축을 하는 거구나."

"맞아."

"그런데 왜 모아 두니?"

"나중에 먹으려고 한댔잖아?"

"내 말은 배가 고플 때 하나씩 찾아서 먹으면 되지, 꼭 모아 두었다가 먹어야 할 필요가 있냐 이 말이야."

"부족할 때를 대비해서지."

"온 세상 흔해 빠진 게 먹을 것들인데 괜히 헛수고만 하고 있군."

곤줄박이는 비난하는 투로 말하며 여봐란듯이 나뭇가지에 앉은 벌레를 콕 쪼아 일부러 더 큰 소리를 내며 먹었습니다.

다람쥐들은 더 이상 대꾸하지 않고 알밤을 찾아

다른 곳으로 가 버렸습니다.

곤줄박이들은 그런 다람쥐를 보며 입방아를 찧어
대었습니다.

"왜 스스로 힘들게 사는 거지?"

"우리처럼 이렇게 노래나 부르며 즐기지."

"배고프면 먹고, 잠이 오면 자고……."

"우리들은 세상에서

가장 행복한

곤줄박이라네.

호로롱

호르르르르."

💙 곤줄박이들은 힘들게 일하고 있는 다람쥐들을
보고 어떻게 생각했나요?

곤줄박이들은 푸른 하늘로 호르르 날아가 버렸습니다.

"영차 영차!"

다람쥐들의 합창 소리가 들려 옵니다.

가을이 가고 추운 겨울이 왔습니다. 앙상한 나뭇가지에 찬바람이 휘몰아칩니다. 너무 추워 이 세상에 살아 남을 것이 아무것도 없을 것만 같습니다.

눈이 내리기 시작합니다. 주먹만한 눈송이가 하늘 가득 쏟아져 내립니다. 눈은 금방 온 세상을 하얗게 만듭니다. 하얀 세상은 마치 이야기 속에 나오는 동화 나라 같습니다.

"야, 눈이다!"

고목 밑둥치 작은 구멍에서 앙증스러운 머리 하나가 쏙 나오더니 소리칩니다. 태어난 지 몇 달밖에 되지 않은 아기다람쥐입니다.

"감기 걸리겠다, 어서 들어오너라."

집안에서 어미다람쥐의 걱성하는 소리가 새어 나옵니다.

"눈이 하늘만큼 땅만큼 많이 왔으면 좋겠어."

아기다람쥐가 혼자말인 듯 중얼거립니다.

"눈이 많이 오면 이듬해에 풍년이 든다 했지."

어미다람쥐도 궁금증을 이기지 못하고 고개를 빼어 밖을 내다봅니다.

"와! 신난다."

아기다람쥐는 좋아서 어쩔 줄을 몰라합니다. 너무 좋아 방안을 뱅글뱅글 돕니다.

"원, 녀석두. 배고프지 않니? 알밤 줄까?"

“아니어요. 눈을 보기만 해도 배가 불러요. 아, 저 예쁜 눈송이 좀 봐.”

“하여튼 이제 그만 들어오너라.”

“그런데 어머니, 저게 뭐예요?”

아기다람쥐가 눈을 동그랗게 뜨고 오리나무 가지 사이를 가리켰습니다.

잘 보이지 않았지만 뭔가 희끗한 물체가 움직이고 있습니다.

“글쎄……”

자세히 살펴보니 그건 몇 마리의 곤줄박이 가족들이었습니다. 그들은 초라한 모습으로 오돌오돌 떨며 가지 위에 쌓인 눈을 털어 내고, 나무의 잎눈을 쪼아 먹고 있었습니다.

그들은 노래를 부르지도 않았고, 그렇다고 이야기를 나누지도 않았습니다.

하늘에서 더욱 거세게 눈이 내리기 시작합니다. 사방에서 어둠이 조금씩 밀려옵니다.

'저축'이란, 돈이나 식량 등 생활에 필요한 것을 앞날을 위해 모아 두거나 쌓아 두는 것을 말합니다,

일기 쓰는 일을 저축했다면 일기를 쓰지 않았다는 이야기군요. 아이쿠!

나무꾼과 도둑

옛날 어느 산골 마을에 나무꾼이 아내와 함께 살았습니다. 나무꾼은 산에 가서 나무를 해서 장에 내다 팔았습니다.

나무꾼은 그 돈으로 쌀도 사고 생선도 사고 고무신도 샀습니다. 넉넉하지는 않았지만 행복했습니다.

나무꾼에게는 형이 하나 있었습니다. 그도 같은 마을에 살았습니다. 농사를 지었는데 그 역시 그리

넉넉하지 못했습니다.

어느 날, 나무꾼은 돼지꿈을 꾸었습니다. 좋은 일이 생기리라는 기대는 하지 않았지만 기분은 좋았습니다.

그 날도 나무꾼은 지게를 지고 나무를 하러 산으로 올라갔습니다. 아무리 돼지꿈을 꾸었다지만 나무를 해다 팔지 않고서는 살아갈 수 없었으니까요.

나무꾼은 땀을 뻘뻘 흘리며 나무를 했습니다.

나무를 해서 지고 가다가 쉬고 있는데 바로 옆에 낯선 풀 한 포기가 보였습니다. 이상한 생각에 자세히 살피던 그는 깜짝 놀랐습니다. 그것은 다름 아닌 산삼이었습니다.

나무꾼은 떨리는 가슴을 진정시키며 산삼을 캐었습니다. 굵기나 크기로 보아 백 년도 훨씬 넘은 것이 분명합니다.

산삼을 가지고 집으로 돌아왔습니다. 산삼을 캐기 전에는 마음이 참 편안했었는데 캔 후에는 그렇지 못했습니다.

장에 내다 팔려니 형이 마음에 걸리고, 형에게 주려니 아깝다는 생각이 들었습니다. 너무 고민이 되어 마음이 혼란스러웠습니다.

　나무꾼은 아내와 의논해 보기로 했습니다. 그 날 밤, 나무꾼과 아내는 호롱불 밑에 마주 앉아 의논을 했습니다.

그 때, 도둑이 들어와 방 안의 동정을 엿보았습니다. 물론 방 안 윗목 반짇고리 속에 귀하디귀한 산삼이 들어 있다는 사실도 알고 있었지요.

그러나 나무꾼 내외는 도둑이 들었다는 사실을 알 리가 없습니다.

"여보, 저걸 어떻게 했으면 좋겠소?"

나무꾼은 아내의 마음을 넌지시 떠 보았습니다.

"쌀도 한 가마니 팔아야 하구요, 당신 고무신도 한 켤레 사야 하구요, 대장간에 가서 부엌칼도 한 자루 맞췄으면 좋겠어요."

아내는 당연히 팔아서 돈을 마련해야 한다는 투로 말했습니다.

"그건 그렇지만……"

나무꾼은 형에게 주자는 말을 차마 꺼내지 못했습니다.

"참!"

아내는 무릎을 탁 치더니 말을 이었습니다.

"형님네 생각을 하지 못했군요. 아기 옷도 사야 하고, 아버님 제사 음식도 장만해야 하는데……"

아내가 나무꾼의 마음을 알아챈 듯합니다.

"그러니 그만……."

"형님께 드리자는 말이지요?"

"그렇소."

"그렇게 하세요. 우린 아직 젊고, 무엇보다 형님네가 쓰임새가 더 많으니까요."

"그렇게 말하니 고맙소."

나무꾼은 아내의 손을 덥석 잡았습니다.

"뭘 그러세요. 그건 처음부터 우리에게 없었던 것이니, 없었던 일로 생각하면 되지 않겠어요?"

이들 부부의 이야기를 듣고 있던 도둑은 깜짝 놀랐습니다. 이 세상에 누가 그토록 귀한 산삼을 형에게 선뜻 내어 줄 수 있겠습니까?

도둑의 눈앞으로 고향에서 홀어머니를 모시고 있는 형의 얼굴이 떠올랐습니다.

그 동안 싸움이다 노름이다 하며 걱정만 끼쳤습니다. 돈이 떨어질 때마다 찾아가서 손을 내밀었지요. 돈을 주지 않으면 욕설을 퍼붓거나 물건을 집어던지기도 했지요.

💙 도둑은 앞으로 어떻게 살아갈까요?

'형님!'

도둑의 눈가에 눈물이 맺혔습니다. 지금 당장 달려가 무릎을 꿇고 용서를 빌고 싶었습니다.

도둑은 이제는 세상이 두 쪽이 나도 도둑질을 하지 않기로 다짐했습니다.

그는 집으로 돌아가 형을 도우며 살겠다고 결심했습니다.

그 길로 도둑은 시내로 가서 가지고 있는 돈을 몽땅 털어 쌀을 한 가마니 샀습니다. 남자 고무신 한 켤레와 부엌칼도 한 자루 샀지요.

도둑은 그것들을 나무꾼의 집에다 갖다 놓았습니다.

"부디 행복하게 사시오. 그리고 형님과의 우애 영원히 지키도록 하시오."

도둑은 눈물을 글썽이며 맨땅에 무릎을 꿇고 방에 대고 절을 했습니다.

도둑은 고향으로 돌아가기 위해 나무꾼의 집을 나왔습니다. 도둑의 축 처진 어깨 위로 별빛이 쏟아져 내렸습니다.

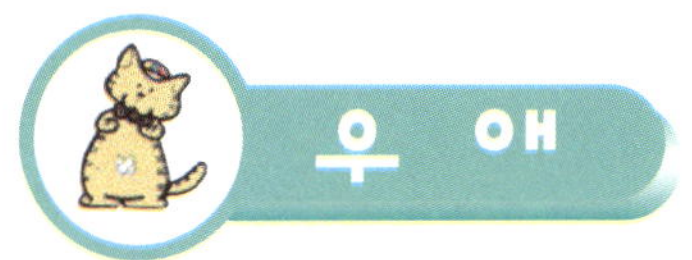

'우애'란 형제나 벗 사이의 정이 넘치는 따뜻한 마음씨를 말합니다. 우애는 집안의 화목을 가져오는 근원입니다.

우애는 내 마음을 주는 것이지요. 그러면 또 얼마나 흐뭇하겠습니까.

명언 한 마디!

형제는 손발과 같고 부부는 의복과 같으니 의복이 찢어지면 새옷으로 갈아입을 수 있지만 손발이 끊어지면 잇기가 어렵다.

-장자-

형제는 손발에, 부부 사이는 의복에 비유한 말입니다. 이는 결국 부부간의 아끼고 사랑하는 것도 좋지만, 형제간의 우애와 의리를 더 소중하게 여겨 서로 의를 끊는 일이 있어서는 안 된다는 점을 강조한 말입니다.

도깨비의 장난

덕봉산 도깨비는 너무나 심심했습니다. 뭐, 재미있는 일이 없나 살폈으나 마땅한 게 없습니다. 곰곰이 생각한 끝에 사람 사는 곳에 한 번 다녀오기로 하였습니다.

우툴두툴한 살가죽과 불이 철철 흐르는 눈과 이마 한가운데의 뿔을 보면 사람들이 놀라 까무라칠 테니까, 도깨비는 아예 자신의 모습을 보이지 않는 편이

낯겠다는 생각이 들었습니다.

도깨비 방망이를 한 번 휙 휘두르니 모습이 보이지 않게 되었습니다. 한 번 더 휘두르니 이번엔 몸무게가 종잇장만큼 가벼워졌습니다.

도깨비는 몸을 사뿐 날려 바람 위에 실었습니다. 그리고는 바람이 가는 대로 산을 내려왔습니다.

소나무 숲을 지나자 들이 나왔습니다. 맨 처음 만나는 사람에게로 가서 장난을 한바탕 치기로 마음을 정했습니다. 한낮이라 그런지 사람의 모습이 보이지 않았습니다.

들을 가로지르니 큰 강이 나왔습니다. 강가에는 키 큰 미루나무들이 줄지어 서서 머리를 빗자루 삼아 하늘을 쓸고 있었습니다.

바람은 미루나무 사이를 내달았습니다. 그런데 저게 무엇입니까? 사람이군요. 한 나그네가 코를 드르릉드르릉 골며 나무 밑에서 자고 있었습니다.

처음 만나는 사람에게 장난을 치기로 했으니까 그냥 지나칠 수 없게 되었죠.

도깨비는 바람 위에서 사뿐 뛰어내려 자고 있는

사람의 옆으로 걸어갔습니다. 나그네는 보따리를 베고 코를 골며 침까지 흘리고 있었어요. 얼굴을 가만히 들여다보니 좀 못생겼습니다. 숨을 쉴 때마다 코가 벌름거렸습니다.

덕봉산 도깨비는 어떻게 장난을 칠까 잠시 생각에 잠겼습니다.

♥ 도깨비는 누구를 가장 먼저 만났나요?

강아지풀을 콧구멍 속으로 밀어 넣을까? 상투를 풀어 나무에다 묶어 놓을까? 발가벗겨 나무에다 거꾸로 매달아 놓을까?

머리에 머리를 짰지만 별로 재미있는 생각이 떠오르지 않았습니다.

이런저런 생각을 하는데 두런두런 얘기 소리가 들렸습니다. 가만히 들어 보니 눈과 입과 팔과 다리가 다투는 소리였습니다.

"내가 없으면 입이나 팔다리가 무슨 소용이 있담? 보지 못하면 아무 일도 할 수 없을걸."

눈이 말했습니다.

"모르시는 소리. 내가 아무것도 먹지 않으면 배가 고파 죽어 버릴걸."

입이 말했습니다.

"어허, 무슨 말을 그렇게 함부로 하시남? 숟가락에 밥을 떠서 입으로 가져가는 게 누구람? 그리고 말이 났으니 말인데 평생 동안 쉬지도 않고 묵묵히 일을 해서 돈을 버는 것이 누구람? 눈과 입인감? 다리인감?"

팔은 조금 흥분했습니다.

"듣자듣자 하니 못하는 말이 없네. 그럼 팔은 일하러 갈 때 기러기처럼 훨훨 날아서 혼자 가남? 어디까지나 내가 옮겨 주어야 일터로 갈 수 있다 이 말일세. 내가 없다면 팔도 아무 소용이 없지. 눈이나 입도 할 말 있남?"

다리의 말투가 매우 거칩니다.

그러고 보니 이들은 지금 주인이 자고 있는 사이에 모두들 제가 가장 잘났다고 뻐기고 있는 것입니다.

덕봉산 도깨비는 모두의 말이 일리가 있다고 생각했습니다. 그래서 눈과 입과 팔과 다리를 제각기 떼어 놓기로 했습니다. 따로따로 떼어 놓으면 불만이 있을 리 없지요.

방망이를 휙 휘두르니 모두들 몸에서 떨어져 나왔습니다.

눈알 두 개가 나란히 길바닥을 굴러갑니다.

"온 세상이 뱅글뱅글 도는군."

눈알은 굴러가다가 돌멩이에 꽝 부딪히고 멈추어섰습니다. 팔 두 짝이 나란히 누워 더듬거리며 땅바닥을

기어갑니다.

"길을 가는 것도 생각만큼 쉬운 일이 아니군. 길이
너무 험하군."

팔은 사나가 가시에 손바닥을 찔려 멈추이 섰습니다.

입은 폴짝폴짝 뛰어서 길을 갔습니다.

"아휴, 힘들어. 줄넘기하는 것보다 더 힘드네."

제딴에는 힘껏 뛰었지만 결국 제자리만 맴돌고 있을 뿐이었습니다.

다리는 뚜벅뚜벅 걸어 길을 갔습니다.

"온 세상이 깜깜하군. 여기가 어디람?"

다리는 조금 가다가 도랑에 거꾸로 처박혔습니다.

도깨비는 그런 모습을 보고 깔깔깔 웃었습니다.

눈은 입과 팔과 다리가 없이는 살 수 없다고 생각했습니다. 입은 눈과 팔과 다리가 없이는 살 수가 없다고 생각했습니다. 팔은 눈과 입과 다리가 없이는 살 수 없다고 생각했습니다. 다리는 눈과 입과 팔이 없이는 살 수 없다고 생각했습니다.

"내가 장난이 좀 심했나?"

도깨비는 도깨비 방망이를 휘둘러 원래대로 만들어 놓았습니다.

나그네는 그 때까지 코를 골며 세상 모르고 자고 있었습니다.

"넌 나를 돕고, 난 너를 돕고, 그래야 우리 모두가 잘 살 수 있지."

눈과 입과 팔과 다리가 속삭였습니다.

💙 눈과 입과 팔과 다리는 어떻게 해야 살아갈 수 있나요?

'상부 상조'란 서로서로 도움을 주고, 도움을 받는 것을 말합니다, 그렇게
한다면 아무리 어려운 일이라도 겁날 게 없겠죠,

서로 모자라는 점 채워 주고
도와 간다면 정말 아름다운
일 아닌가요? 짝! 짝! 짝!

사라진 선장

바람이 칼날처럼 매서웠습니다. 드러난 맨살이 따끔거립니다.

"어여차 어여차, 배 저어 가세!"

하나호(배 이름) 선원들은 닻을 올리고 오징어를 잡으러 바다로 나갔습니다.

보통 한번 바다에 나가면 보름 동안 바다 위에서 지내야 합니다. 준비는 철저하게 했지만 무슨 일이 생길지 모르기 때문에 선원들은 잔뜩 긴장했습니다.
　하나호는 미끄러지듯 파도를 헤치고 바다 멀리까지 나아갔습니다.
　"오징어 잡세, 오징어 잡세! 물 오징어, 마른 오징어,

반 말린 오징어, 오징어 잡세!"

선원들의 가슴은 한껏 부풀었습니다. 뭍에서 기다리고 있을 식구들을 생각하니 힘이 솟습니다.

하나호는 어느 새 오징어 떼를 좇아 제주도 부근까지 가게 되었습니다. 오징어가 참으로 많이 잡혔습니다.

집어등(고기를 모으기 위해 켜 놓은 등불) 불빛 아래서 낚시에 딸려 올라오는 싱싱한 오징어의 모습이 참으로 보기에 좋았습니다.

"에헴, 자네는 도깨비가 있다고 믿나?"

한 선원이 옆의 선원에게 말을 걸었습니다.

선원들은 밤새워 작업을 해야 하기 때문에 지루함을 달래기 위해 더러 재미있는 이야기도 나누곤 하지요.

그 선원도 아마 그런 뜻에서 도깨비 이야기를 꺼내려는 것일 겁니다.

"설마 도깨비가 정말로 있을라구?"

옆의 선원이 관심이 없는 척하면서도 관심을 보입니다.

♥ 선원은 왜 도깨비 이야기를 꺼냈나요?

"믿든지 말든지 난 도깨비를 보았다네."

"설마?"

"시골에 살 때였네."

선원은 목소리를 가다듬고 이야기를 시작합니다. 오징어는 여전히 신나게 낚시줄에 걸려 올라오고 있습니다.

"그 날은 비가 부슬부슬 내리고 있었네. 시장에 갔다가 일이 늦어 그만 밤늦게 집으로 돌아오는 길이었지."

선원은 그쯤에서 이야기를 잠시 끊었습니다. 그래야 듣는 쪽에서 속이 타서 재촉하게 되는 법이지요.

"그래서?"

"고개를 넘는데 거인 같은 놈이 내 앞을 딱 가로막더니 씨름을 하자는 거야. 씨름을 해서 이겨야 길을 비켜 주겠다는 거야."

"그래서 씨름을 했나?"

"이야기를 들어 보게. 내가 어떤 사람인가? 그까짓 키 좀 크다고 겁낼 것 같은가? 붙고 말고. 그런데 힘이 비슷하여 영 결판이 나지 않는 거야. 그런데 웬 바람이 이렇게 불지?"

정말입니다. 갑자기 바람이 몹시 세게 불어 댔습니다. 배도 기우뚱 기우뚱 흔들렸습니다. 선원들의 얼굴에 잠시 불안한 빛이 떠돕니다. 그러나 흔히 겪는 일이라 모두들 마음을 진정시킵니다.

"그래서 씨름은 계속되었나?"

"아니야, 좀처럼 승부가 가려지지 않아. 난 그 녀석이 어떤 놈인가 슬쩍 훔쳐 보았지. 이마에 뿔이 돋아 나 있고, 피부가 멍게 껍질처럼 딱딱하더군. 눈에는 불이 철철 넘쳤구. 그놈이 도깨비란 놈이지 뭔가? 난 재빨리 왼다리를 걸었지. 대번에 넘어가는 거야. 그 녀석의 약점을 알기 때문에 계속해서 이겼지. 그러나 그 녀석은 자꾸만 달려드는 거야. 난 할 수 없이 그 녀석을 꽁꽁 묶어 집으로 데려왔지. 그런데 다음 날 아침에 보니, 묶어서 데려온 건 도깨비가 아니고 다 닳아 빠진 몽당빗자루였던 거야."

"그건 어디서 많이 듣던 이야기군."

아무리 자주 들었다 할지라도 도깨비 이야기는 들을 때마다 재미있습니다.

그 때였습니다. 갑자기 집채만한 파도가 배를 덮쳤습니다.

"앗!"

선원들은 갑판 위로 나가떨어졌습니다.

"물이 샌다!"

누군가 소리쳤습니다.

배는 점점 물 속으로 가라앉기 시작했습니다. 구조 신호를 보내던 선장이 명령했습니다.

"모두들 구명 보트에 옮겨 타시오!"

20여 명의 선원들은 모두 구명 보트에 옮겨 탔습니다.

"선장님도 어서 타십시오!"

그 소리와 함께 또다시 덮친 큰 파도와 함께 배는 흔적도 없이 사라지고 말았습니다.

"선장님! 선장님!"

선원들은 울부짖으며 선장을 불렀으나 아무런 대답도 들려 오지 않았습니다.

"선장은 배를 끝까지 지켜야 한다."

선장은 보통 때에도 늘 그 말을 입버릇처럼 뇌었습니다. 그러더니 결국 배를 끝까지 지키다 배와 함께 파도 속으로 사라졌습니다. 선장으로서의 책임을 다했던 것입니다.

지금, 속초항에는 조그마한 동상 하나가 바닷바람을 맞으며 서 있습니다. 바로 하나호 선장의 넋을 기리기 위해 뱃사람들이 세운 것입니다.

선장의 이름은 유정충입니다.

'책임'이란 맡아서 해야 할 일을 스스로 끝까지 해내는 걸 말합니다.
우리는 각자 자신이 맡은 일에 최선을 다해야 합니다.

나에게 일어나는 모든 일은 누구 때문이 아니고, 다 나 때문이랍니다.

명언한 마디!

군자는 말에 앞서 실행하고 그 후에 말을 하는 것이다.

- 공자 -

실천의 중요성을 강조한 말입니다. 즉, 실천하지 않고 말로만 떠벌이는 사람은 허풍쟁이에 지나지 않습니다. 이러한 허풍쟁이의 말은 아무도 신뢰하거나 그의 주장을 귀담아 듣지 않습니다. 그러므로 말만 앞세우는 사람이 되지 말고 묵묵히 실천하는 성실하고 믿음직한 사람이 되도록 노력해야 합니다.

두더지와 집

비가 내립니다. 주룩주룩 내립니다.

두더지는 방 안에 턱을 괴고 앉아 빗소리를 듣습니다. 빗소리는 듣는 마음에 따라 조금씩 다르게 들립니다.

즐거울 때 들으면 빠른 행진곡처럼 들리고, 우울힐 때 들으면 가을 바람 소리처럼 들리죠.

"똑똑똑."

빗소리에 섞여 어떤 소리가 들립니다. 그건 분명 물방울 듣는 소리입니다. 그 소리가 어디서 나나 살펴보니, 바로 방 안입니다.

천장에서 비가 새고 있습니다. 두더지는 얼른 깡통을 괴어 놓았습니다. 물방울은 깡통 속으로 떨어집니다.

'어허, 그 참, 왜 비가 샐까?'

아무리 생각해도 그 이유를 알 수 없습니다.

깡통엔 곧 물이 가득 차서 물을 비우지 않으면 안 되었습니다.

한 번, 두 번, 세 번…… 자꾸만 비우려니 귀찮은 생각이 들었습니다. 그래서 이번에는 아주 큰 그릇을 가져다 놓았습니다.

'어허, 그것 참, 비가 왜 샌담?'

아무리 생각해도 비가 샐 이유가 없습니다.

두더지는 집에서 나왔습니다.

뒷짐을 지고 어슬렁어슬렁 가다가 다람쥐네 집까지 가게 되었습니다.

다람쥐네도 물이 샐까 궁금하여 방으로 들어가

보았습니다. 말짱합니다. 아무리 살펴보아도 비가 새
는 곳은 없습니다.
　"자네 집은 비가 새지 않는군!"
　두더지가 다람쥐를 흘끗 보았습니다.
　"우리 집 지붕을 경사가 지도록 만든 덕분이네. 모든

빗물은 처마 밑으로 떨어지지.”

두더지는 다람쥐가 부러웠습니다. 왜냐 하면 비가 새지 않는 집에 살고 있으니까요.

집으로 돌아오니 천장에서 떨어진 물이 방 안에 질퍽하였습니다.

“허, 그 참, 비가 왜 샌담?”

투덜거려 보았지만 아무런 소용이 없었습니다.

한여름이 되었습니다. 날씨가 너무 덥습니다. 부채를 부쳐도 소용 없습니다. 등으로 땀이 줄줄 흘러내렸습니다.

‘왜 날씨가 이렇게 더울까?’

아무리 생각해도 그 이유를 모르겠습니다. 더욱 곰곰이 생각해도 더울 이유가 없습니다.

두더지는 집에서 나왔습니다. 뒷짐을 지고 다람쥐네 집으로 향했습니다.

보나마나 다람쥐도 더워서 안절부절못하고 있을 것입니다. 옷을 훌렁 벗고 있을지도 모르기 때문에 대문 앞에서 큰 기침을 했습니다.

“에헴, 집에 계시남?”

사실 그것은 물어 볼 필요도 없는 말이었습니다.
열린 방문을 통해 다람쥐의 모습이 다 보였으니까요.
"어서 오시게. 낮잠이나 시원하게 한숨 잘 생각이
었네."
다람쥐가 말했습니다.
"시원하게 자겠다구?"
두더지는 얼른 다람쥐네
방으로 들어가 보았습니다.
그런데 이게 웬일
입니까?
방이 아주

시원했습니다. 열려 있는 양쪽 창문을 통해 시원한 바람이 들어왔습니다.

"방이 시원하군!"

두더지가 다람쥐를 흘끗 보았습니다.

"창문을 마주 보게 달아 맞바람이 치도록 했지."

두더지는 다람쥐가 참 좋겠다고 생각했습니다. 시원한 집에 사니까요.

추운 겨울이 왔습니다. 바람이 쌩쌩 붑니다. 바람 소리를 듣기만 해도 몸이 덜덜 떨립니다. 눈도 내리고 모든 것이 꽁꽁 얼어 붙었습니다.

두더지는 이불을 뒤집어쓰고 아랫목에 앉아 있었습니다.

"왜 이리 춥담? 떨려서 견딜 수가 없군."

아무리 생각해도 그 이유를 모르겠습니다. 더욱 곰곰이 생각해도 추울 이유가 없습니다.

"어허, 그 참, 왜 이리 춥지?"

두더지는 투덜거리며 밖으로 나와 다람쥐네 집을 향해 걸었습니다. 지금쯤 다람쥐도 추워서 덜덜 떨고 있을 것입니다.

♥ 다람쥐는 어떻게 방을 시원하게 할 수 있었나요?

"집에 계시남?"

방문이 열리며 다람쥐가 고개를 내밉니다.

"어서 오시게. 따뜻한 데서 쉬어 가게."

"따뜻하다고?"

두더지는 깜짝 놀라 방 안으로 들어갔습니다. 정말입니다. 방 안이 후끈후끈합니다.

"방이 따뜻하군!"

두더지가 다람쥐를 흘끗 보았습니다.

"구들을 만들어 군불을 때었지."

다람쥐는 두더지의 얼굴을 잠시 들여다보다가 다시 말을 이어 갑니다.

"무엇에든 방법은 있다네. 불가능한 것처럼 보이는 일도 찾아보면 해결할 방법이 있다네. 그걸 모르는 건 단지 생각하지 않기 때문이라네."

💙 '무엇이든 방법이 있다는 말'은 무슨 뜻인가요?

'창의'란, 사람에게 도움이 되는 새로운 의견을 생각해 내는 것을 말합니다. 창의력이 있는 사람은 그만큼 더 발전할 수 있겠죠.

어떻게 해야 정말 도움이 돼 드릴 수 있을지 좀더 생각해 보세요.

무서운 동굴

한 떼의 사람들이 길을 가고 있습니다.

땅을 보고 터덜터덜 걷고 있는 사람, 돌멩이를 툭툭 차면서 타박타박 걷고 있는 사람, 먼 곳을 보면서 건들건들 걷고 있는 사람, 모두들 힘든 표정을 짓고 있습니다.

"목이 말라."

노랑 모자를 쓴 사람이 말했습니다.

"난 배가 고파."

검정 안경을 낀 사람이 말했습니다.

"너무 힘들어."

빨강 조끼를 입은 사람이 말했습니다.

다른 사람들은 입을 굳게 다물고 있었지만 그들의 말에 뜻을 같이하고 있음에 틀림없습니다.

"아, 빵이라도 한 조각 먹었으면……."

검정 안경이 한숨을 '후' 내쉽니다.

"우린 가난해."

빨강 조끼가 주위 사람을 돌아보며 말합니다.

"맞아. 우린 너무 가난해."

"하루를 살아도 부자였으면 좋겠어."

"우린 평생을 가난하게 살아야 할 거야."

여기저기서 불평이 쏟아집니다.

사람들은 다시 길을 걷습니다. 한참 동안 아무도 말을 꺼내지 않습니다.

고개를 하나 넘었습니다.

"야, 물이다!"

누군가 소리쳤습니다.

정말입니다. '졸졸졸' 물 소리가 들립니다.

사람들은 우르르 소리나는 쪽으로 몰려갑니다. 깨끗한 개울물이었습니다. 모두들 개울에 엎드려 물을 마음껏 마셨습니다.

"이제야 갈증이 풀렸어!"

노랑 모자가 말했습니다.

"배고픔이 가셨어!"

검정 안경이 말했습니다.

"난 힘이 솟아!"

빨강 조끼가 말했습니다.

사람들은 다시 길을 갈 채비를 하였습니다.

"저기 동굴이 있다!"

누군가 개울 위쪽 둔덕을 가리켰습니다. 사람들의 눈길이 그 쪽으로 쏠립니다.

정말입니다. 동굴이 검은 아가리를 벌리고 어서 오라는 듯 버티고 있습니다.

사람들은 서로 다투어 동굴 앞으로 몰려갑니다.

"쉬었다 가는 게 좋겠군."

한 사람이 동굴 안쪽에 자리를 잡고 앉자 다른

사람들은 그 주위에 둘러앉습니다. 동굴 안에서 시원한 바람이 나옵니다.

동굴 안에 무엇이 있을지 사람들은 나름대로 상상해 봅니다.

"뿔 달린 도깨비가 살고 있을 거야."

노랑 모자의 말에 사람들은 오싹 몸을 떱니다.

"귀신이 피를 흘리며 머리를 헝클어뜨리고 앉아 있을지도 몰라?"

검정 안경이 말을 보태자 사람들은 얼굴을 찡그립니다.

"해골과 벌레들이 수북할 거야."

빨강 조끼의 말에는 아예 눈을 감아 버리는 사람도 있습니다.

사람들은 하나씩 일어나 자신이 세상에서 가장

용감한 사람이라도 되는 듯, 굴 안쪽으로 들어갔다 나왔습니다. 그러나 누구도 끝까지 들어가 보는 사람은 없었습니다.

"끝까지 들어가 무엇이 있나 살펴보고 나올 사람 있습니까?"

누군가의 말에 모두들 발뺌을 합니다.

"난 배가 좀 아파서……."

"난 동굴 따위엔 관심이 없어."

한참 동안 서로의 눈치만 보았습니다. 마침내 구석 자리에 앉아 있던 파란 바지를 입은 사람이 슬며시 일어났습니다. 눈길이 모두 그리로 쏠립니다.

파랑 바지는 불을 밝히고 말없이 동굴 속으로 성큼 성큼 들어갔습니다. 사람들은 숨을 죽인 채 그가 나오기를 기다립니다.

1분, 2분, ……초조한 시간이 자꾸만 흘러갑니다. 드디어 파랑 바지가 어깨에 커다란 상자를 짊어지고 나타났습니다.

사람들은 그 상자 안에 무엇이 들어 있을까 무척 궁금했습니다.

　파랑 바지는 상자 뚜껑을 열어 사람들에게 보였습니다. 놀랍게도 그 안에는 금은 보석이 가득 들어 있었습니다. 사람들은 부러운 눈으로 파랑 바지를 바라봅니다.

　파랑 바지는 흥얼흥얼 콧노래를 부르며 상자의 뚜껑을 닫았습니다. 그리고는 보물 상자를 어깨에 메고 둔덕을 발걸음도 가볍게 내려갑니다.

　구경을 하던 사람들은 넋두리를 하면서 그의 뒤를 터덜터덜 뒤따릅니다.

　"난 평생 가난하게 살 수밖에 없어."

　누군가 한숨을 '후' 내쉽니다. 모두 따라서 한숨을 내쉽니다.

　"모험을 두려워하지 않는 자만이 가난에서 벗어날 수 있지."

　파랑 바지가 혼자말인 듯 느긋하게 앞서 걸어가며 중얼거립니다.

♥ 파랑 바지가 부자가 된 이유는 무엇입니까?

'모험'이란, 어떤 일을 할 때 위험을 무릅쓰는 것을 말합니다. 인류 역사는 인간의 모험 정신과 개척 정신을 통해 발전을 거듭해 왔습니다.

선생님도 착각하실 때가 있나 봐요.

명언 한 마디!

한 가지 일을 경험하지 않으면 한 가지 지혜가 자라지 않는다.

- 명심보감 -

'백문이불여일견'이란 말과 같은 의미의 말입니다. 경험의 중요성을 일깨우는 말로, 한창 젊은 사람은 경험을 많이 쌓아 세상에 대한 견문을 넓히는 일이 중요합니다. 그래야 지혜로운 어른으로서 세상을 잘 살아갈 수 있습니다.

도깨비 나라

아주 먼 옛날, 바다 건너 아름다운 곳에 도깨비 나라가 있었습니다. 그 나라에는 하양 도깨비들과 까망 도깨비들이 살았습니다.

하양 도깨비들은 까망 도깨비들을 미워했습니다. 지저분하고 냄새가 난다며 옆에 오지도 못하게 하였습니다. 까망 도깨비들이 지나가면 침을 뱉거나 때렸습니다.

힘이 약한 까망 도깨비들은 그냥 당할 수밖에 없었습니다. 길을 가다가 하양 도깨비가 보이면 피해서 가든지 고개를 푹 숙이고 지나갔습니다. 이야기를 하다가도 하양 도깨비가 오면 말을 뚝 그쳤습니다.

하양 도깨비들은 까망 도깨비들을 점점 더 나쁘게 대했습니다. 마침내는 강제로 잡아다가 일까지 시켰습니다.

"까망 도깨비들은 원래 신분이 천해. 종살이를 하는 게 마땅해."

하양 도깨비들은 빼기며 부려먹었습니다. 말을 듣지 않으면 채찍을 휘두르거나 더러는 죽이기까지 했습니다.

까망 도깨비들은 어쩔 수 없이 그들이 시키는 대로 따르는 수밖에 없었습니다. 그렇지만 속으로는 눈물을 흘렸습니다.

어떤 도깨비는 까망색이 싫어 냇가로 가서 모래로 피부를 문질러 씻기도 하였습니다. 살갗에서 피가 뚝뚝 떨어지도록 씻어도 까만 피부가 하얗게 되지는 않았습니다.

"으흐흑! 아버지 어머니, 왜 나에게 까만 피부를 주셨어요?"

울부짖으며 조상을 원망도 해 보았습니다.

세월이 흘렀습니다. 까망 도깨비들은 하양 도깨비들을 주인으로 섬기고 종살이를 하는 것이 당연하다고 여기게 되었습니다.

"우리는 원래 천한 신분이야. 하얀색이 더 우수한 색이야."

까망 도깨비들은 어떻게 하면 하양 도깨비들에게 더 잘 보일까 그것만 연구했습니다.

하양 도깨비들은 까망 도깨비들에게 힘든 일을 시켜 놓고 빈둥빈둥 놀기만 했습니다. 그늘에 앉아 이야기를 하며 시간을 보냈습니다.

"보이는 모든 것들이 참으로 아름답군. 세상은 정말로 공평해. 우리 하양 도깨비들이 잘 사는 건 다른 도깨비보다 더 우수하기 때문이야."

맛있는 음식을 차려 놓고 부어라 마셔라 하면서 웃고 떠들며 놀았습니다. 돈이 떨어지면 까망 도깨비 몇을 장에 내다 팔아 돈을 마련했습니다.

어느 날, 먼 나라에서 온 빨강 도깨비가 그 곳을 지나가게 되었습니다.

그는 발목에 쇠사슬을 차고 밭에서 일하고 있는,

까망 도깨비를 보았습니다.

"여보세요, 당신은 왜 쇠사슬을 찼소?"

빨강 도깨비가 물었습니다.

"하양 도깨비가 채웠다오."

옆의 도깨비가 대신 대답했습니다.

"하양 도깨비가?"

"그렇소. 말을 잘 듣지 않는다는 이유 때문이오."

"왜 그들이 당신들에게 일을 시킵니까? 돈을 줍니까?"

"아니오. 우리는 그들의 종이오."

"종이라구요? 왜 종이 되었소?"

"까만 색깔의 피부를 가졌기 때문이오."

빨강 도깨비는 비로소 일이 어떻게 돌아가는지 알았습니다. 남의 일에 간섭할 일은 아니지만 분하고 안타까웠습니다.

빨강 도깨비는 까망 도깨비들을 한자리에 모아 놓고 말했습니다.

"여러분, 우리 도깨비들은 모두가 평등합니다. 다른 색깔을 가졌다고 멸시당하거나 손해를 보아서는

♥ 빨강 도깨비는 모든 도깨비들이 어떠하다고 생각했나요?

아니 됩니다. 저렇게 파란 하늘 아래서 까망, 하양
을 구분한다는 것이 얼마나 어리석습니까?”
까망 도깨비들은 빨강 도깨비의 말에 고개를 푹 숙
였습니다.
“하양 도깨비를 찾아가서 여러분의 독립을 선언하
시오! 여러분 스스로 일하고 스스로
살아가겠다고 당당히
말하시오!”

까망 도깨비들은 고개를 들고 서로의 눈치를 살폈습니다.

"빨강 도깨비 말이 맞아! 우린 모두 평등해. 평등해야 해!"

누군가의 말끝에 여기저기서 외침 소리가 터져 나왔습니다.

"옳소! 옳소! 하양 도깨비를 찾아갑시다!"

"가서 우리의 권리를 되찾읍시다!"

"우리도 도깨비답게 삽시다!"

까망 도깨비들은 소리를 지르며 일하던 연장을 집어던지고 떼를 지어 마을을 향해 걸어갔습니다.

"하늘 아래 모든 것은 평등하다!"

누군가 외치자 나머지 도깨비들도 따라 외칩니다.

이 모습을 보고 있던 빨강 도깨비는 씩 웃으며 가던 길을 계속해서 갑니다.

하늘에선 둥근 해가 온 세상을 골고루 비추고 있습니다.

♥ 까망 도깨비는 앞으로 어떻게 될까요?

'평등'이란 어느 한쪽에 치우침이 없이 고르고 같아, 높거나 낮음이 없음을 말합니다. 인간은 누구나 평등합니다.

남의 말에 탈을 잡아 되돌리는 것을 말꼬리 잡는다고 합니다. 말꼬리를 잡아서는 안 되지요.

자동차의
어깨동무

초판 1쇄 발행 2005년 6월 20일
초판 4쇄 발행 2011년 5월 11일

기획 | 청소년인성문고편찬회
글 | 김종상 소중애 송재찬 엄기원 정영애 홍기
그린이 | 이규경
표지디자인 | 강대현

펴낸이 | 조병철
펴낸곳 | **한국독서지도회**
등 록 | 1997년 4월 11일 (제10-1425호)
주 소 | 경기도 고양시 일산동구 장항동 580
TEL | 031-908-8520
FAX | 031-908-8595
홈페이지 | www.homebook..kr

◆ 이 책 내용의 일부 또는 전부를 사용하려면 반드시
　저작권자의 동의를 얻어야 합니다.
◆ 잘못된 책은 바꿔 드립니다.
◆ 책값은 뒷표지에 있습니다.

ⓒ2005 한국독서지도회
ISBN 89-7788-274-5

글 엄기원

1963년 한국일보 신춘문예 동시 당선
작품은 동시집 〈아기와 염소〉〈들길을 걷다보면〉등 15권
동화집 〈수탉〉〈내 친구 명섭이〉〈단종과 엄흥도〉 등 14권
PEN문학상, 예총 예술문화대상, 방정환 문학상 수상
현재 한국아동문학 학회 부회장
        한국국어교육학회 이사
        한국문인협회 부이사장
        한국아동문학연구회 대표

글 소중애

작품은 〈개미도 모래를 부른다〉〈아빠와 함께 목욕을〉
〈반딧불이 사랑〉 외 97권의 저서가 있음
충남문학대상, 천안시 문학상, 방정환 문학상 수상
현재 충남 아동문학회회장
        단국대학교 문예창작과 강사
        충남 아산 남창초등학교 교사

글 정영애

진주교육대회 졸업
아동문예작가상, 한국아동문학상, 카톨릭아동문학상 수상
전 계몽문화센터, CBS방송국, 삼성주부대학에서 강의
작품은 〈하늘에서 온 편지〉〈아빠 엄마가 헤어지면〉 등 다수
현재 작품 활동 중

글 송재찬

동아일보 신춘 문예 당선
한국아동문학상, 소천 문학상 수상
작품은 〈돌아온 진돗개 백구〉〈이 세상이 아름다운 까닭〉
〈무서운 학교 무서운 아이들〉 등 다수
현재 서울 면일초등학교 교사

글 김종상

1958년 '새벗' 동시 입선
1960년 '서울신문' 신춘문예 당선
대한민국 문학상, 어린이 문학 대상, 어린이도서상, 대한민국 동요 대상 수상
작품은 〈생각하는 돌맹이〉〈날개의 씨앗〉등 다수
현재 한국아동문학가 협회 회장
        한국어린이시사랑회 회장
        한국 동요 동인회 회장

글 홍기

경북 문경 출생
대구 매일신문 신춘문예동시, 동화 당선
대교 올해의 작가상, 뭉뿌리개 아동문학상 수상
작품은 〈고양이가 된 내 친구 복이〉〈하늘을 나는 자전거〉〈좋은이의 기적〉
〈팽이 나무에 팽이 열렸네〉 외 30여편
현재 경북 구미시 원남 초등학교 교사